Apologética Cristiana

Una Introducción

John H. Gerstner

San Antonio, Texas

Editorial Doulos
17039 Autry Falls
San Antonio, Texas 78247
www.editorialdoulos.com
Correo electrónico: editor@editorialdoulos.com

Publicado originalmente en inglés con el título *Reasons for Faith* por Harper and Brothers, 49 East 33rd Street, New York, NY. ©1960 por John H. Gerstner.

ISBN: 978-1-953911-24-7

Contenido

Colección de Estudios Apologéticos
Volumen 8

Al Dr. John Orr:
Maestro, consejero y amigo

Primera Parte

Introducción

1

Yo Creo

Comenzamos nuestra discusión con la observación de que hoy en día muchas personas están dispuestas a creer. En un principio, no trataremos de estimar cuál puede ser la naturaleza y el valor de esta creencia. Basta observar que éste es, en cierto sentido, un mundo y un siglo creyentes. Al mismo tiempo, hay algunas fuerzas muy formidables que tienden a la incredulidad. Las examinaremos en el segundo capítulo. A continuación, llegamos al argumento propiamente dicho del libro.

Siempre debemos comenzar donde estamos. Así que comenzamos con nosotros mismos tal como nos encontramos y mostramos la importancia de nuestra situación para abordar la cuestión del cristianismo. En el tercer capítulo mostramos que somos almas pensantes, capaces de tener fe cuando se nos presentan las pruebas adecuadas. Luego, observando el mundo que nos rodea, tratamos de aprender lo que dice, si es que dice algo, de Dios y de nuestra relación con Él (capítulos 4 y 5). En la naturaleza encontramos pruebas de la existencia de Dios como causa última y como espíritu personal, eterno y moral. Pero en el sexto capítulo consideramos algunos de los argumentos en contra de estas conclusiones teístas.

La tercera parte del volumen trata de la verdad

del cristianismo y, en primer lugar, en el séptimo capítulo, señalamos lo que la naturaleza revela sobre Dios y lo que deja sin decir. En el octavo capítulo se intenta demostrar que la Biblia responde a las cuestiones importantes que la naturaleza deja sin resolver, mientras que en el noveno se presenta el argumento a favor de la Biblia como revelación. En los dos capítulos siguientes se examinan algunos de los milagros de la Biblia y su contundencia como argumento a favor de su carácter sobrenatural. El duodécimo capítulo hace lo propio con las profecías de la Biblia. A continuación, se sopesa la influencia de la arqueología en la autenticidad de la Biblia (13). En los capítulos siguientes se intenta presentar a grandes rasgos la religión cristiana tal como se expone en la Biblia (14), considera algunas de las dificultades de esta religión (15) y la compara en sus rasgos más destacados con las principales religiones del mundo (16). Los cuatro últimos capítulos de esta sección tratan de la influencia del cristianismo. Los dos primeros (17, 18) examinan su amplia contribución social, mientras que los otros dos tienen un alcance más limitado, el decimonoveno capítulo presenta el argumento a partir de la experiencia personal de Cristo y el último, a partir de la experiencia y el testimonio de los mártires.

La cuarta parte del libro retoma la consideración de las objeciones al cristianismo procedentes de la evolución (21), el determinismo (22), la crítica bíblica (23) y las deficiencias de la iglesia (24). Concluimos con la «prueba pragmática».

Este es, pues, un breve esbozo de lo que espero demostrar. Dejaré que el lector juzgue el éxito de mi intento. Pero ahora comencemos observando la creencia de nuestros días. Se dice que el Dr. H. S. Coffin comenzó un sermón con la pregunta del Salmista: «Si fueren destruidos los fundamentos, ¿Qué ha de hacer el justo?» A lo que respondió inmediatamente: «¡Seguir siendo justos, por supuesto!». No estamos tan seguros de lo acertado de esa respuesta, pero está claro que, aunque los cimientos tradicionales de la fe religiosa han quedado muy dañados en las mentes de muchos, éstos han seguido creyendo.

Hay al menos ocho indicios diferentes y significativos de que éste es un mundo creyente. En primer lugar, las recientes guerras han puesto de manifiesto la existencia de una fe generalizada. Segundo, la actual crisis mundial ha precipitado una afirmación universal de la fe. Tercero, hay numerosas demostraciones populares de fe. En cuarto lugar, el gran aumento del número de miembros de las iglesias es un indicio de fe. Quinto, la deriva conservadora de la crítica bíblica es otro signo revelador. Sexto, los movimientos de educación religiosa se basan en la fe y apelan a ella. Séptimo, muchos intelectuales gritan sus credos desde las azoteas. En octavo lugar, el desarrollo del irracionalismo en todos los campos de la ciencia y el arte pretende proporcionar, al negar la suficiencia de la razón, una base para la fe.

En primer lugar, independientemente de las cuestiones que puedan plantearse sobre la calidad, la motivación o la permanencia de la «religión de trinchera», no cabe duda de que las guerras recientes revelaron una fe generalizada. Hombres en combate, aviadores en vigilia solitaria, prisioneros de guerra y nostálgicos solitarios dan testimonio de una experiencia de Dios. Soldados desde el Pacífico Sur hasta el norte de la India vieron los efectos humanos de las misiones cristianas y dieron testimonio de ello —el punto de vista caqui. Incluso las canciones militares populares —por no mencionar otras— tenían un tema religioso: «God Bless America», «Coming in on a Wing and a Prayer», «Praise the Lord and Pass the Ammunition». No sostenemos que toda esta fe fuera del tipo más devoto, pero la cuestión es que era indicativa de la convicción de que existe un Dios al que se puede conocer y sentir.

En segundo lugar, incluso más que la guerra, la crisis de posguerra ha precipitado una fe latente. Hombres de ciencia, educadores, estadistas, líderes militares, no menos que hombres de iglesia, han declarado que la única esperanza del momento es la convicción religiosa. Alarmado por el hecho de que el hombre pueda comunicarse con la luna y el espacio exterior, pero no con sus semejantes a través de una mesa de conferencias, el mundo se ha desesperado. Al descubrir que puede volar en el aire como un pájaro y pasar por encima del agua y por debajo de ella como un pez, pero que no puede caminar sobre la tierra con sus semejantes, muchos se han angustiado enormemente. En esta desesperación, el mundo ha llegado a secundar la moción de la iglesia de que el hombre debe conocer a Dios antes de poder conocerse a sí mismo o a su prójimo. La relación vertical debe preceder a la horizontal. La religión es más fundamental que la moral. La necesidad, como dijo una vez el general Douglas MacArthur, es «teológica». Al separar la moral de la religión hemos perdido ambas. La nuestra es una civilización de «flores cortadas», con la raíz teológica cortada y la flor marchita.

En tercer lugar, numerosos fenómenos populares

son indicativos de una convicción religiosa básica por parte de las bases. En Rusia, el comunismo ha tenido que ceder terreno ante la irreprimible creencia religiosa del pueblo. En Alemania ha resurgido el cristianismo bíblico. Inglaterra no hace mucho mostraba tanto entusiasmo por las emisiones religiosas de C. S. Lewis como Estados Unidos por Amos y Andy. Dorothy Sayers, famosa por sus novelas policíacas, también escribió sobre religión, y las masas la leyeron. En Estados Unidos, algunos libros religiosos figuran entre los más vendidos, y la predicación evangelista está atrayendo a las mayores multitudes religiosas que se conocen en la historia. Los periódicos dedican una atención considerable a la opinión religiosa, y los artículos vendidos son cada vez más frecuentes. La incorporación de laicos a la actividad y el liderazgo eclesiásticos, y el creciente número de mujeres preparadas para la vida religiosa, hacen que aumente el interés del público por la iglesia y su causa.

En cuarto lugar, el gran aumento del número de miembros de las iglesias, especialmente en Estados Unidos, es otra gota que colma el vaso. Debe recordarse que sólo ciertas iglesias, es decir, la Católica Romana, cuentan a los niños bautizados. Los millones de bautistas son todos adultos. Faltan cifras sobre las iglesias que en principio incluyen a los niños bautizados como miembros no comulgantes, pero que en la práctica no siempre los cuentan. Se podría afirmar con seguridad que el número de miembros, si se contabilizaran todos los niños bautizados, superaría las cifras oficiales en cinco millones. Este número de miembros supone un crecimiento tanto absoluto como relativo. Es decir, no sólo hay muchos más miembros hoy que en 1890, sino que el porcentaje es mucho mayor. En 1890, el 20% de la población era miembro de la iglesia; en 1944, el 52%.

En quinto lugar, en los círculos académicos existe una notable tendencia hacia una visión conservadora de la Biblia. La tendencia prevalece en la teología, pero ahora estamos pensando en la deriva conservadora de la crítica textual. El siglo XIX causó estragos en la visión tradicional de la Biblia e intentó desdibujar su autenticidad fundamental como documento histórico. En el siglo XX, estos «resultados seguros de la crítica»[1] se han vuelto cada vez menos seguros. En el campo del Nuevo Testamento, por ejemplo, las epístolas de Pablo han sido reconocidas casi por completo como auténticas. Ahora se reconoce que el Evangelio de Juan es un documento del siglo I. Ya no se cuestiona a Jesús como personaje histórico; se admite que su persona y sus actos sobrenaturales forman parte del registro. La abrumadora evidencia de manuscritos y versiones atestigua la autenticidad de la historia del Nuevo Testamento.

En todo caso, la crítica del Antiguo Testamento refleja esta tendencia con mayor claridad. Nada menos que un arqueólogo-lingüista-crítico como V. F. Albright defiende enérgicamente el monoteísmo de Moisés; Heidel muestra las importantes diferencias entre el Antiguo Testamento y los relatos babilónicos de la creación y el diluvio e indica un conjunto de creencias único y determinante en el antiguo Israel; Thiele demuestra la exactitud histórica de Reyes; Allis reafirma la autoría mosaica y a menudo es ridiculizado, pero nunca refutado. La tendencia general es encontrar unidad en lugar de una desunión destructiva en la Biblia.

Y lo que Meek afirmó en 1946 es más cierto hoy en día (como revela en muchos de sus artículos la *Twentieth Century Encyclopedia of Religious Knowledge* [ed., L. A. Loetscher]):

No cabe duda de que los estudios sobre el Antiguo Testamento son mucho más conservadores. Esto se debe en parte a la reacción natural contra los extremos de la época anterior; en parte al interés actual por la arqueología, que se supone confirma muchas cosas de la Biblia; y en parte a la influencia de la teología barthiana. La tendencia es evidente en Alemania, donde la escuela de Albrecht Alt domina el campo del Antiguo Testamento; es evidente en las numerosas publicaciones de la Universidad Hebrea de Jerusalén; es evidente en Suecia, en la escuela de Johannes Pedersen; es evidente en los escritos de H. H. Rowley, uno de los más prolíficos estudiosos británicos del Antiguo Testamento; y es evidente en la obra del más distinguido erudito estadounidense, W. F. Albright. De hecho, este último llega a afirmar que la religión hebrea no cambió en sus fundamentos desde la época de Moisés hasta la de Cristo.

En sexto lugar, los movimientos generalizados de educación religiosa revelan la inclinación hacia la fe. Sorokin, en su libro *Crisis of Our Age*, muestra el carácter casi 100% religioso de la educación y la cultura en el siglo XII, en comparación con el secularismo casi excesivo del siglo XX. A modo de reacción, las últimas décadas han desencadenado un gran número de cursos de educación del carácter, cursos de educación religiosa a tiempo parcial y similares. La psicología ha subrayado la necesidad de motivación para una vida democrática noble, y cada vez se pide más a la religión que la proporcione. La falta de alguien que pueda hacer que la virtud sea más atractiva que el vicio ha convertido a la educación en un tutor para llevar a los hombres a Cristo. Aunque el movimiento de la educación religiosa plantea algunos problemas en cuanto a la relación entre la iglesia y el estado, el hecho de que avance con paso firme indica con mayor claridad su poder.

En séptimo lugar, una notable galaxia de eruditos se ha agrupado en el firmamento religioso. Al mismo tiempo que Adler ha estado haciendo campaña de que el profesor es el enemigo público número uno como socavador de la religión, muchos eruditos han estado pronunciando manifiestos de fe. Sus declaraciones rara vez son teológicamente precisas, pero de manera general han dado testimonio de su genuino ardor religioso. Einstein no sólo dio testimonio del heroísmo de la iglesia cristiana en la Alemania de la preguerra, sino que también dio cabida a Dios en su pensamiento. Milliken, Jeans, Eddington, Compton, Hutchins, Whitehead, Hocking, DuNoüy, Franck, Haldane y Smuts no son más que una lista selectiva de doctos creyentes contemporáneos en un ser eterno.

La octava y última prueba del desarrollo de la fe de nuestros días es, curiosamente, el «irracionalismo». Nadie puede ignorar que se ha producido una revuelta contra la razón. Los psicólogos freudianos han tendido a reducir el pensamiento racional a la racionalización, haciendo de la *libido* no racional o *id* el padre del pensamiento. El cubismo, el surrealismo y el abstraccionismo han sido otros tantos intentos artísticos de situarse por debajo de la razón exterior. Dostoievski, Mann, Joyce y otros se han ocupado de algo que consideran más profundo que el pensamiento de sus criaturas literarias. El «verso libre escocés», «Steinese», etcétera, muestran que la poesía es accesible. El énfasis de la educación progresiva en la «actitud» más que en el «contenido», si no en lugar de, es otro ejemplo. En un sentido básico, Kant inició la revuelta filosófica contra la razón, pero la insurrección ha alcanzado una fase mucho más avanzada en el existencialismo de Jaspers y Heidegger y el misticismo de Unamuno. Fue Kierkegaard quien, en teología, intentó decir que lo irracional es lo real; mientras que Barth, a pesar de su oposición al sistema, ha intentado sistematizar este irracionalismo teológico. En Brunner, Reinhold Niebuhr y Tillich se ve surgir de los propios revolucionarios el comienzo de una revuelta contra la revuelta contra la razón.

Citamos este intento de ir «más allá del más allá», como lo describe Stephen Leacock, simplemente porque lo interpretamos como un intento desesperado de proporcionar en el irracionalismo una base para la creencia. Estos pensadores parecen sentir, como tanta gente corriente, que la razón es un obstáculo para la fe. Por lo tanto, hay que quitarla de en medio. No creemos que eso pueda hacerse, pero lo que queremos señalar aquí es que el intento mismo de estos eruditos de hacer lo imposible revela el deseo desesperado del corazón por creer. *La voluntad de creer* de William James se habría titulado mejor *El derecho a creer*, porque en ella intentaba demostrar que no hay ninguna razón de peso por la que una persona no pueda creer si quiere. Y lo mismo dicen nuestros irracionalistas. Su método puede ser desesperanzador, pero el objetivo es significativo. Recuerda las palabras de Jesús a los discípulos cuando saludaron su entrada triunfal: «Os digo que si éstos callaran, las mismas piedras clamarían» (Lc 19:40). Aquí están las piedras filosóficas del irracionalismo gritando sus hosannas. Aquí están los Nicodemos modernos viniendo a Jesús por la noche metafísica.

Studdert-Kennedy ha expresado este deseo irreprimible de creer incluso cuando uno piensa que los obstáculos intelectuales son insuperables:

¿Cómo sé que Dios es bueno? No lo sé. Apuesto como un hombre. Apuesto mi vida a un bando en la gran guerra de la vida. Debo, no puedo desmarcarme. Debo tomar partido. El hombre que es neutral en esta lucha no es un hombre. Es bulto y cuerpo sin aliento, pierna fría de cordero sin salsa de menta. Un tonto. Me enferma. ¡Santo Dios! ¡Té claro! ¡Bazofia fría! Quiero vivir, vivir a cabo, no vacilar a través de mi vida de alguna manera, y luego en la oscuridad. Debo tener a Dios. Esta vida es demasiado aburrida sin Él, demasiado aburrida para otra cosa que no sea el suicidio. ¿Para qué vivir si no? Mataría a alguien sólo para ver sangre roja. Me emborracharía hasta quedarme ciego, y vería serpientes azules si no pudiera mirar hacia arriba para ver cielos azules, y oír a Dios hablando a través del silencio de las estrellas. ¿Cómo se demuestra? No está probado, tonto, no se puede probar. No soy tonto, tengo mis razones para esta fe, pero no son razonamientos, las fórmulas fríamente calculadas del pensamiento divorciado del sentimiento. Son verdad, demasiado verdad para eso.

Creemos que es una locura —sin sentido. Pero es una locura sublime, y una cordura demencial. Los hombres deben tener a Dios y parece que lo tendrán por las buenas o por las malas. Las siguientes páginas pretenden presentar un enfoque racional de nuestra necesidad más profunda e irreprimible — Dios.

2

¡Ayuda mi Incredulidad!

Además de los factores que favorecen la fe, indicados en el capítulo anterior, existen otros que tienden a minar la certeza religiosa. En este capítulo consideraremos los tres grandes: secularismo, cientificismo y sufrimiento. Es probable que alguno de ellos, o una combinación de los mismos, se considere la causa de esa incredulidad.

El secularismo, en un lenguaje más sencillo, es simplemente mundanidad; o «mundanidad de este mundo» en contraste con la «mundanidad del otro mundo». Esta filosofía de un mundo a la vez ve el futuro como algo irrelevante, si no como una impertinencia. Supone que más vale pájaro en mano que ciento volando. ¿De qué le sirve a un hombre salvar su alma si pierde el mundo entero? Permite la religión sólo si es práctica, es decir, útil en este mundo. Y el Dios verdadero sólo puede ser aceptado si ayuda en el servicio del dios que es el mundo.

Podemos fijarnos en el área en la que, hasta hace poco, el secularismo era más gravemente evidente —las escuelas públicas. Los Estados Unidos han pasado de una filosofía de la educación orientada a la religión a otra de la que la religión ha sido excluida casi por completo. La libertad de religión se ha convertido en libertad frente a la religión. La reacción ya ha llegado: la educación religiosa en los días laborables y en horario libre se extiende por todo el país, y las escuelas parroquiales se expanden cada vez con más vigor y exigen apoyo estatal. Pero en todos los frentes, sagrados y seculares, el grito es el mismo: «Abajo el secularismo —en la educación».

No deducimos que toda la tendencia hacia el secularismo sea errónea ni que todo el énfasis medieval y protestante temprano fuera correcto. De hecho, fueron algunos de los extremos de la sociedad medieval los que hicieron necesaria la reacción moderna. Sin embargo, el modernismo ha llegado a otro extremo mucho peor. El Renacimiento, que en cierto sentido fue la punta de lanza de la invasión secular moderna, contenía en sí mismo las semillas de la corrección sana y la reacción extrema. En el arte de ese periodo, por ejemplo, encontramos introducido un sano realismo, un interés por el paisaje, la perspectiva, el escorzo y una cuidadosa delineación de la emoción y el físico humanos. Todos ellos supusieron valiosos descubrimientos o rescates que enriquecieron enormemente las tendencias anquilosadas, idealizadas e irreales del arte de la Edad Media. Sin embargo, la otra semilla del Renacimiento fue el secularismo o la adoración de este mundo, y que por desgracia es un gran obstáculo para la verdadera adoración.

El problema con el secularismo es el mundo mismo. Siempre resulta ser una mera sombra. Aquellos que tienen más éxito en adquirirlo sufren la mayor desilusión. Es un hecho notorio que las personas más ricas, a menos que sean personas verdaderamente religiosas, son las más aburridas, las menos felices. Siempre están acumulando, pero nunca poseen nada. Sus experiencias, como las del Predicador, conducen al lamento: «todo ello es vanidad y aflicción de espíritu». Los secularistas se empeñan en el placer, pero «Pero la que se entrega a los placeres, viviendo está muerta». Los animales pueden comer, beber y estar satisfechos, pero el hombre no. No puede contentarse sin estas gratificaciones físicas porque tiene sus apetitos animales, pero siendo más que un animal no puede contentarse sólo con ellos. No puede vivir sin pan, pero tampoco puede vivir sólo de pan.

El segundo defecto cardinal del laicismo es la pérdida del otro mundo que desdeña. El hombre no puede ser feliz con este mundo, ni tampoco sin el otro. Aunque no crea en el otro mundo, no puede escapar de él. Ni siquiera ahora puede escapar de él. No puede estar seguro de que no exista un mundo eterno. Puede no creerlo, pero no puede, por mucho que lo intente, refutarlo. Como dijo Shakespeare, tiene miedo de «abandonar este mundo mortal» con todas sus penas, porque no sabe lo que le espera. Puede dudar de Dios, pero ¿quién ha demostrado jamás su inexistencia? ¿Cómo puede el hombre convencerse de que no hay cielo que pueda perderse ni infierno en el que pueda entrar? La más mínima posibilidad de estas cosas —¿y quién puede negar su posibilidad?— desconcierta por completo al secularista.

Si hubiera alguna satisfacción en la posesión del mundo entero durante toda una vida, ¿cómo compensaría eso un momento fuera del cielo o un momento en el infierno? La mera posibilidad del mundo eterno supera por completo la certeza extrema de éste. ¿Qué respuesta puede dar, por tanto, un mundano a la pregunta de Jesús: «¿qué aprovechará al hombre, si ganare todo el mundo, y perdiere su alma?». No le consolará responder: «Pero yo no te creo. No creo que, ganando el mundo entero, pierda mi alma». No le consolará porque no está seguro de tener razón, ni de que Cristo esté equivocado. La mera posibilidad de que la pregunta de Cristo sobre el futuro sea válida arruina su presente. «Al que no tiene, aun lo que tiene se le quitará» —al que no tiene el mundo venidero se le quitará hasta éste que tiene.

El cientificismo es una enfermedad intelectual que aísla a su víctima de todo lo que en el mundo no se conoce por los sentidos. Su síntoma inevitable es la «negativitis». La víctima se verá en la necesidad de negar todo lo que tenga un carácter ideal. «¿Existe Dios?» «Ponlo en un vaso de precipitados y creeré». «¿Existen valores espirituales?», «Ver para creer». «¿Es real el amor?», «Pruébalo con papel tornasol». «¿Qué es la justicia?», «Dame una muestra y veré cómo reacciona con ácido sulfúrico». Si algo no se ajusta a estos criterios de sentido, sencillamente no existe. Es una ilusión, una fantasía, una superstición.

El cientificismo es contrario a la fe porque la hace superflua o ilusoria. Deja que un hombre respire esta atmósfera el tiempo suficiente para contraer la infección y llegará, como muchos han hecho, a la conclusión acientífica de que la ciencia es todo lo que hay, y la metodología científica, tan admirablemente adaptada al conocimiento científico, es el sésamo abierto a todo el conocimiento.

La mayoría de los no-científicos sufren de cientificismo simplemente porque, al no conocer el verdadero espíritu de la ciencia, hacen generalizaciones infundadas. Einstein insistía constantemente en el vasto desconocimiento, pero el hombre de la calle confía en que la ciencia es la llave de la omnisciencia. Eddington y Jeans han encontrado demasiado misterio en el universo como para negar a Dios, pero los poco instruidos no pueden admitir en su pensamiento a nadie más grande que sus propias mentes. Edison dijo que ningún hombre sabía una siete mil millonésima parte del 1 por ciento (1/7,000,000,000 x 1%) de nada, pero el hombre que lee por las bombillas de Edison encuentra que el universo es un libro abierto.

La verdadera ciencia se amamanta en el pecho de la fe, da su primer paso de la mano de la fe, camina por la fe y llega a la meta de la fe. Antes de que un hombre pueda pensar debe ejercitar la fe en su razón. No puede examinar un tubo de ensayo sin confiar en sus ojos. Tampoco puede sacar una conclusión sin postular la fiabilidad de las leyes de la inferencia. Se ocupa de efectos como el movimiento, el calor y el color, todos los cuales son, según la inferencia científica, causados por partículas invisibles o unidades de energía que se cree que están ahí. Y la conclusión final hacia la que tiende siempre la ciencia es una confianza en la uniformidad de la naturaleza que no es más que una fuerte suposición de que, como lo que se ha observado en el pasado se ha comportado según un cierto patrón, seguirá haciéndolo en el futuro.

Es interesante que la más exacta de todas las ciencias, las matemáticas, se base claramente en la fe. ¿Has visto alguna vez un punto matemático, que es un punto sin dimensión? ¿Has visto alguna vez una línea matemática, que es una longitud sin grosor? ¿Has visto alguna vez un cuadrado matemático que tenga longitud y anchura, pero no profundidad? Por supuesto, podemos concebir lo que no podemos visualizar, pero tan pronto como se reconoce esa distinción, estamos vacunados contra el cientificismo.

¿No es sorprendente que la explicación de Jesús sobre la actuación del Espíritu Santo en el corazón humano sea más bien análoga a la explicación de los científicos sobre el funcionamiento de la energía atómica? Cristo dijo, «El viento sopla de donde quiere, y oyes su sonido; mas ni sabes de dónde viene, ni a dónde va; así es todo aquel que es nacido del Espíritu» (Jn 3:8). Es decir, no podemos ver al Espíritu Santo como el viento, pero su presencia se indica por sus efectos que son claramente visibles en los corazones de los hombres. Del mismo modo, nuestros científicos dicen que la energía atómica es invisible, pero su presencia es evidente en los poderosos efectos que produce.

Hace muchos años, Henry Drummond habló de la *Ley Natural en el Mundo Espiritual*. Nos recordó que la ciencia tiende hacia la fe y no se aleja de ella, siempre que evitemos el cientificismo, que niega demasiado porque sabe demasiado poco. Lo que más perturba la creencia de la gente no es más que un problema. Cuántas veces oímos a la gente decir, «Yo creía en Dios hasta que mi hijo fue atropellado por un automóvil». «Si Dios existe, ¿cómo puede permitir esta guerra?». «Si Dios está en su cielo ¿cómo puede haber tanta miseria en su Tierra?».

El sufrimiento no sólo perturba la fe de los ingenuos. A los filósofos les angustia aún más. Los que piensan más profundamente sienten este problema con mayor intensidad, y toda filosofía debe enfrentarse a él y dar una explicación. Qué impaciente estaba William James con las filosofías que se limitaban a pensar que las cosas eran buenas en lugar de intentar que lo fueran. Tampoco permitía que el problema del mal se resolviera reduciendo sus dimensiones. Con su vivacidad característica, dijo que tenemos el problema del mal mientras una cucaracha sufra de amor no correspondido.

La incredulidad provocada por el problema del mal puede manifestarse de varias maneras. Por un lado, una persona puede ser llevada a negar algunos de los atributos de Dios. Es decir, puede negar los atributos de Dios sin negar su existencia. Así, puede cuestionar la bondad de Dios, diciendo que Dios, en lugar de oponerse al mal, es indiferente a él. Él está «más allá del bien y del mal»: ambos son lo mismo para Él. Con despiadada indiscriminación decreta todo lo que sucede. Esta concepción fatalista ha sido recogida en algunas teologías no cristianas. El no teólogo Ed Wynn la ha expresado así:

Hay una divinidad que da forma a nuestros fines en bruto, ajustémoslos como podamos.

Independientemente de cómo se exprese religiosamente este fatalismo, sigue siendo incredulidad – ciertamente en la bondad, si no en el ser de Dios.

Si esta primera forma de incredulidad sacrifica la bondad de Dios a su poder, la segunda sacrifica su poder a su bondad. Por una parte, se dice que Dios es ciertamente poderoso, y puesto que no impide el mal, no debe ser del todo bueno. O, por otra parte, se dice que Dios es ciertamente bueno, y como no impide el mal, no debe ser poderoso del todo. Quiere eliminar el mal y lo consigue en parte, pero no del todo. Platón encontró un elemento recalcitrante fuera de Dios que impedía la plena expresión de la idea suprema o el bien. Brightman interiorizó este elemento al que llamó lo «dado» y vio a un «Dios finito» luchando consigo mismo. Pero ya sea un dualista como Platón, un místico como Bohme, un pragmático como James o teístas limitados como Brightman y Berdyaev, todos ellos resuelven el problema del mal renunciando a creer en Dios —o en algunos de los atributos de Dios. Aunque no es nuestro propósito tratar aquí exhaustivamente este gran problema, mencionaremos algunos factores que alivian parte de la tensión intelectual. En primer lugar, somos criaturas miopes. Nuestra finitud nos priva de la visión completa. La mala perspectiva crea un escorzo. Es decir, a menudo lo bueno parece malo, debido a nuestra visión estrecha. Las carreras de obstáculos que en su momento parecían males onerosos pueden resultar más tarde bienes sin paliativos.

En segundo lugar, el sufrimiento es con frecuencia productor de bien y no de mal. Es proverbial que los grandes artistas, especialmente los músicos, hayan sido las grandes víctimas. Algunos han llegado al extremo de decir que el mal es necesario para el desarrollo del bien.

En tercer lugar, el sufrimiento hace bien a los demás. Como dijo Jesús del ciego de nacimiento «No es que pecó este, ni sus padres, sino para que las obras de Dios se manifiesten en él» (Jn 9:3).

En cuarto lugar, muchos consideran que el argumento definitivo es que la libertad del hombre implica necesariamente la posibilidad de que haga el mal y cause sufrimiento a sí mismo y a los demás. Nosotros no lo admitimos, pero reconocemos que una parte del mal se deriva de la libertad humana, y subrayamos la conciencia de culpa y responsabilidad del hombre. Llegamos incluso a decir que el pecado y la culpa del hombre son tales que su problema no es realmente el sufrimiento, que puede ser el castigo merecido por hacer el mal, sino más bien el bien inmerecido. En otras palabras, no tenemos un problema de adversidad, sino de prosperidad. De hecho, Cristo reflexiona sobre este problema del bien cuando dice que Dios hace que su «sol brille sobre los injustos». El hecho mismo de que los hombres raramente reflexionen sobre el inmerecido favor de Dios implica más bien que merecemos el castigo (sufrimiento) del que nos quejamos.

Aunque no creemos que la libertad personal sea la explicación última del origen del mal, sí creemos que la libertad fue el medio por el que el pecado llegó al mundo. Y aunque lo que vamos a decir es anticipar algunas cosas que aún no han sido probadas, puede ser prudente decirlas en este momento porque el problema del mal es muy apremiante para todos nosotros.

El cristianismo enseña que la paga del pecado es la muerte (Ro 6:23). No es natural que el hombre muera; la muerte es la consecuencia de hacer el mal. La Biblia enseña que todo lo que el hombre siembra, eso cosechará (Gal 6:7). Cuando el hombre fue creado por el Creador, nació en un mundo ideal sin dolor ni sufrimiento ni muerte (Gn 1-3). Cuando finalmente sea redimido y glorificado, vivirá en un mundo donde no habrá lágrimas para siempre (Ap 7:17). En otras palabras, el pecado y el sufrimiento son funciones el uno del otro. Uno no se produce sin el otro. Al mismo tiempo, la Biblia nos advierte que no pensemos que el sufrimiento en este mundo es proporcional al mal que se hace (Lc 13:1 ss.). Al contrario, este mundo es un período de prueba, y el verdadero juicio por el bien o el mal tiene lugar en la muerte. Por tanto, aunque podamos decir que si no hubiera pecado no habría sufrimiento, no podemos decir que un hombre sufre más que otro porque es más pecador que el otro.

El cristianismo enseña además que el pecado se comete contra Dios y es, por tanto, un crimen infinitamente atroz que merece el juicio más terrible (Sal 51). En comparación con lo que realmente merecen los pecadores, sus sufrimientos más severos en este mundo no son castigos, sino meras advertencias de la ira que está por venir. «Mía es la venganza; yo pagaré, dice el Señor» (Ro 12:19).

Si estas cosas son así (y no intentamos aquí probarlas), una luz muy grande cae sobre el problema del sufrimiento humano. De hecho, todo su carácter cambia. El peor sufrimiento que un hombre pueda soportar en este mundo es básicamente de carácter misericordioso. No es en absoluto proporcional a lo que merece el mejor hombre. No estamos afirmando que la visión cristiana del pecado, la culpa y el sufrimiento sea cierta. Pedimos al lector que suspenda su juicio sobre este asunto por el momento, recordando únicamente que la religión que está a punto de considerar, si es verdadera, responde al mayor problema que jamás haya agitado la mente y el corazón de la humanidad sufriente.

Resumiendo. Mucho de lo que llamamos mal sólo parece serlo porque nuestro juicio finito carece de perspectiva. Pero incluso el mal real puede con frecuencia, tal vez siempre, ser beneficioso para nosotros mismos y para los demás. Sin embargo, si hay un tipo de mal que es absoluta e irreductiblemente malo, se debe al hombre, no a Dios. Y el único misterio sobre el mal es por qué Dios lo tolera —un «misterio» (algo conocido pero incapaz de ser comprendido perfectamente) en lugar de un «problema» (algo incapaz de ser comprendido siquiera parcialmente).

Segunda Parte

Sobre la Existencia de Dios

3

El Punto de Partida

Lo primero de lo que somos conscientes los seres humanos probablemente no es de nosotros mismos, sino del mundo que nos rodea. Tan pronto como nacemos, tomamos conciencia de nosotros mismos en relación con un entorno, por muy inarticulada que sea esa conciencia en la infancia. Experimentamos este mundo; somos otros que este mundo. Y es frente a este no-yo que reconocemos el yo.

Así que nos preguntamos por dónde debemos empezar nuestra argumentación —¿por el mundo con el que realmente empezamos nuestro pensamiento y nuestra conciencia, o por nosotros mismos, que empezamos por ahí? Creemos que es mejor seguir el orden lógico que el cronológico y considerarnos primero a nosotros mismos, los agentes experimentadores, antes de considerar lo que experimentamos. ¿Por qué? Sencillamente porque la validez de nuestra experiencia debe depender del experimentador, es decir, de nosotros mismos. Empecemos, pues, por nosotros mismos. Aunque no es el orden natural, parece el mejor para pensar.

Comenzando por nosotros mismos, ¿qué encontramos? Encontramos cuerpos, en unión con los cuales hay un «algo otro», que reflexiona sobre este cuerpo y piensa sobre él y evalúa los datos que le llegan a través de los sentidos del cuerpo. Sea lo que sea ese «otro», es otro. No es el cuerpo, porque piensa en el cuerpo como algo objetivo y diferente de sí mismo. Si esto es una ilusión, no hay forma de conocerlo, ya que el «otro» es el único medio por el que conocemos algo. Si el «otro» no es otro, no hay nada además de él que pueda revelarlo. Así que debemos suponer que el «otro» es otro, porque indica que es otro y es la única fuente de información que tenemos.

Pero el hecho de que ese «otro» sea otro no significa necesariamente que sea de naturaleza distinta a la del cuerpo del que es consciente. Podría tratarse de un cuerpo diferente, invisible y más pequeño, tal vez dentro del cuerpo exterior. Pensemos en ello. El cuerpo exterior es visible, pero el «otro» no es visible; el cuerpo exterior es tangible, pero el «otro» no es tangible; el cuerpo exterior es mensurable, pero el «otro» no es mensurable. Hasta aquí podemos saber que nuestro cuerpo trata directamente con tangibles y mensurables, pero el «otro» los trata de otra manera. Por lo que sabemos, no entra en contacto con ellos, no los sostiene como en una balanza, no los ve con ojos como los del cuerpo. Trata estos tangibles como abstracciones; las llamaremos, a falta de una palabra mejor, ideas. Estas ideas no pesan nada, no tienen olor, no son visibles. Por lo tanto, el «otro» que se ocupa de esas cosas debe ser muy diferente del cuerpo —muy diferente de hecho. Y puede hacer cosas con las ideas que el cuerpo no puede hacer con sus objetos. El cuerpo sólo puede sentir el objeto cuando está presente, pero el «otro» puede tratar con ideas cuando no hay nada presente. Una vez más, el cuerpo puede sentir algunas cosas como combinadas sólo si están combinadas, y, a menos que estén combinadas de alguna manera, no las ve de esa manera. Pero el «otro» puede combinar ideas a voluntad y recombinarlas y ordenarlas de manera diferente a su primer orden. Y, de hecho, a medida que conocemos mejor al «otro», descubrimos que puede tratar ideas que aparentemente nunca pasaron por el cuerpo.

Considerándolo todo, este «otro» debe ser no sólo numérica sino cualitativamente diferente. Así pues, démosle un nombre diferente y más distintivo; llamémosle espíritu, mente o alma. Hasta ahora sabemos muy poco de esta alma, pero sí sabemos algo muy importante: es el medio por el que sabemos lo que sabemos y aprendemos lo que aprendemos. Desde este punto de vista, es importantísima. Sin ella no podemos saber nada; sencillamente, no podemos encontrar ninguna otra cosa en nuestra estructura que nos permita aprender algo. Dependemos totalmente de nuestra alma, incluso para conocerla.

Simplemente tenemos que confiar en el alma. Estamos en la misma relación con ella que los discípulos de Jesús estaban con Él. Cuando otros abandonaron a Jesús y Él les preguntó si también ellos se marcharían, ellos respondieron, «¿Pero a quién más podemos ir?». Si dejáramos esta alma nuestra como fuente de información, ¿a qué otra podríamos ir? No hay otro medio dado a los hombres por el que puedan saber algo. Si no pueden saber por este medio, no pueden saber por ningún otro, porque no hay otros.

No podemos dudar del alma. En el acto mismo de dudar debemos suponer que somos, incluso mientras dudamos de que somos. Somos nosotros los que dudamos de serlo. Eso es lo mismo que decir de nuevo, no tenemos otro medio de pensar que éste. Si pensamos que no podemos confiar en nuestro pensamiento, debemos confiar en nuestro pensamiento que no podemos confiar en nuestro pensamiento. Si dudamos, debemos confiar en las mentes que dudan, y así no debemos dudar si dudaríamos. Simplemente no hay escapatoria de la dependencia de la mente; porque si quisiéramos escapar, debemos confiar en la mente en el mismo «querer». Así que, si quisiéramos, al final no lo haríamos. Que la mente salga de la mente es como que el cuerpo salga de su piel. Si el cuerpo saliera de su piel, ya no sería el cuerpo; si la mente saliera de la mente, ya no sería la mente. Simplemente debemos comenzar aquí — no sólo porque no hay otro lugar donde comenzar, sino porque si pensamos que no comenzaremos aquí, es aquí donde estamos pensando que no comenzaremos.

Este asunto es tan importante que debemos profundizar en el escepticismo. Si la credulidad era común en la época medieval y la superstición en la cultura primitiva, el problema del conocimiento del que adolecen muchos modernos es el escepticismo. Partiendo de la afirmación de que a veces suspender el juicio es propio de un erudito, muchos han llegado a la conclusión de que el camino seguro hacia la gloria intelectual es no estar seguro de nada. Muchos eruditos modernos no tienen opiniones definitivas sobre nada, excepto la opinión definitiva de que nunca se debe tener una opinión definitiva. Parecen vivir con un miedo mortal a llegar a una conclusión —«siempre aprendiendo y nunca llegando al conocimiento de la verdad». Como un perro que persigue a un gato hasta que está a punto de atraparlo y entonces da media vuelta y huye, así aman la búsqueda de la sabiduría mientras estén seguros de que nunca podrán alcanzarla. «No creo», dicen; «ayúdame a creer». Y esta actitud la describen como «desapegada», «imparcial», «objetiva».

El escepticismo produce dos puntos de vista diagonalmente opuestos, como veremos. En primer lugar, el escéptico sostiene que nadie puede saber nada (excepto, por supuesto, el escéptico, que ya lo sabe). Y luego se encuentra concluyendo que, puesto que nadie sabe nada, el conocimiento de cada uno es tan bueno como el de los demás. Así que muy tolerantemente dice que tu conocimiento es verdadero para ti y mi conocimiento es verdadero para mí precisamente porque nadie sabe nada de todos modos. Así pues, como nadie sabe nada, todo el mundo lo sabe todo.

Entrando un poco más en detalle, examinamos primero esta noción escéptica (y esperamos que el lector no deje de notar que el escéptico nunca es escéptico de sus nociones escépticas) de que nadie sabe nada. La teoría es contradictoria. Pretende ser escéptica acerca de todo, pero, de hecho, no es en absoluto escéptica de su propio escepticismo. No tiene ninguna duda de que todo es dudoso. Esta posición es manifiestamente insostenible. Porque si aceptamos la conclusión escéptica, tenemos que ser no escépticos para hacerlo. O si somos escépticos incluso sobre el escepticismo, no podemos ser escépticos. En otras palabras, para ser escéptico una persona no debe ser escéptica. Una casa teórica dividida contra sí misma simplemente no puede sostenerse.

Pero, en segundo lugar, el escepticismo es falso, no sólo porque es internamente contradictorio, sino también porque se basa en una falsa teoría del conocimiento. Sospecha de todas las proposiciones porque las hacen hombres finitos. Supone que, porque los hombres son finitos, necesariamente distorsionarán la verdad por sus propios prejuicios. «Esa es su interpretación», dirán los escépticos, como si esa observación demostrara su falsedad. Pero ¿por qué es necesariamente una interpretación falsa, simplemente porque es la suya? Podemos ver que puede ser falsa, pero ¿por qué *tiene* que serlo? Podemos ver que un estudiante que ha sido suspendido en un examen podría estar tentado de pensar que su trabajo merecía más porque tendría prejuicios a su favor. Pero hay estudiantes que a veces admiten que sus exámenes no merecían ser aprobados. No se puede suponer, ni siquiera en el caso de una persona interesada, que siempre y necesariamente distorsionará los hechos objetivos en su propio beneficio. Al menos es posible que una persona considere algo con desapego —incluso en el caso de una persona interesada. Y cuando se elimina el elemento del evidente interés personal, como ocurre en muchos juicios, una persona se inclinaría a ser objetiva.

En cualquier caso, ningún escéptico podría refutar la objetividad de las interpretaciones personales. Debe asumir la objetividad para negarla. Debe suponer que su juicio es objetivo para decir que el suyo no lo es. Si demuestra que toda interpretación personal es subjetiva y poco fiable, condena su propio juicio, incluido el propio juicio de que todo juicio personal es poco fiable.

En tercer lugar, el escepticismo es una confusión de una parte con el todo. Es cierto que algunos juicios no son sólidos. Por lo tanto, es saludable ser «escéptico» o, mejor, «crítico» con todos los juicios, incluidos los nuestros, hasta que se verifiquen. Debemos examinar los juicios con cuidado e imparcialidad. Este es el elemento verdadero y saludable del escepticismo. Pero el escéptico cabal confunde la parte con el todo. Es decir, insiste en que, porque algunos juicios pueden ser probados como «subjetivos», todos lo son necesariamente. Tira al bebé con la bañera. Sería mejor tirar la bañera y quedarse con el bebé.

Muy bien, estamos cansados del escepticismo — cansados de intentar escapar de nuestras mentes por nuestras mentes. De hecho, es un asunto tonto, y lo consideramos sólo con el propósito de mostrar su futilidad.

Así que debemos empezar por aquí, porque no hay otro lugar donde empezar. Pero supongamos que alguien dice, «No comenzaré en absoluto; no pensaré en absoluto; comeré, beberé y me divertiré y nunca me preocuparé por las evidencias cristianas». A tal persona debemos decirle, «Si vas a usar tu mente sólo como ayuda para comer, beber y divertirte, es posible que algún día se te considere responsable. Es posible que, si escuchas lo que tu mente te está diciendo, la oigas decir: 'No debes comer, beber y estar alegre meramente. Tengo deberes y responsabilidades más elevados para ti. Y si eres desobediente, algún día serás severamente castigado'». Si la persona responde: «Pero yo no sé nada de tales deberes o responsabilidades o posibles castigos», su mente puede decir con razón, «Por supuesto que no lo sabes porque no escuchas. Serás castigado precisamente porque no sabes». Algunos pueden sentirse inclinados a encogerse de hombros ante todo esto, pero no pueden hacerlo con la mente tranquila. A menos que escuchen los dictados de esta mente o alma suya, no pueden saber muy bien lo que les dirá. Sea como fuere que el hombre haya llegado aquí, sea quien fuere o lo que fuere que lo haya puesto aquí, es cierto, como dice Aristóteles, que es un «animal pensante» y debe pensar. Si mediante un pensamiento honesto puede llegar a la conclusión de que la vida es comer, beber y ser feliz, entonces que coma, beba y sea feliz. Pero es bastante difícil comer, beber y ser feliz cuando uno no sabe si está aquí para eso. A lo largo de este libro sugeriremos que el alma o la mente mostrarán y muestran al hombre que no está aquí para comer, beber y ser feliz en el sentido habitual del término.

Muy bien, debemos pensar. Y no nos atrevemos a pensar que no necesitamos pensar. Pensemos, pues. Tenemos el instrumento (el alma) y tenemos un cuerpo material (el mundo que nos rodea y la propia alma dentro de nosotros) sobre el que el instrumento puede operar.

Y lo primero que podemos preguntarnos sobre el mundo que nos rodea es: ¿Por qué? Es decir, ¿por qué está aquí? ¿Cómo está aquí? ¿Por qué hay algo y no nada?

4

El Argumento Teísta (I)

«En el principio la materia creó el cielo y la tierra». ¿Cuál es el problema con eso? No tiene nada de malo, excepto la materia.

Hace algunos años A. J. Balfour dijo, «Sabemos demasiado sobre la materia para ser materialistas». Había ciertas cosas que tenían que ver con la materia en aquellos días, las había antes, las hay todavía y presumiblemente las habrá siempre. ¿Cuál es precisamente el problema de la materia?

La materia tiene un pasado. Es decir, el problema de la materia es que tuvo una materia. La materia es un efecto, producido por una causa adecuada. Evidentemente, lo que es en sí mismo un efecto no puede ser la causa de todas las cosas. En el principio la materia no pudo crear el cielo y la tierra, porque la materia tuvo que ser creada primero. Una vez creada la materia, «el principio» dejó de serlo. La materia puede ser, en cierto sentido, una causa, pero también es un efecto. Lo que es un efecto no puede ser a su vez la causa primera. Y sólo la primera causa estaba en el principio.

Pero ¿cómo sabemos que la materia es un efecto y no la causa primera? Si la materia fuera la autora de todas las cosas, sería, en primer lugar, la autora de la vida. ¿Pero cómo puede serlo? La materia en sí no tiene vida. Es, por definición, «inanimada». Habla Webster. El hombre de la calle tiene la misma idea: «materia sin vida», la llama.

Pero, nos preguntamos, ¿es la materia necesariamente inanimada? ¿No puede estar animada? Concedamos inmediatamente esa posibilidad. Sin embargo, la materia está entonces animada por una energía vital, por un *élan vital*, por un principio arquitectónico. Pero este principio vital es algo distinto de la materia, aunque se le considere inseparable de ella. Decimos que anima la materia; el principio actúa a través de la materia, hay vida en la materia. Sin embargo, no es la materia la que vive, sino el espíritu en la materia. La materia por sí misma no puede explicar el principio de vida, a menos, claro está, que queramos plantear la generación espontánea. Si lo hiciéramos, tendríamos algo sin causa alguna que sale de la nada de la que nada procede. Aparte de todas las demás objeciones a esta idea, basta observar aquí que no ayudaría en lo más mínimo al caso de la materia. En efecto, en caso de generación espontánea, la vida no surgiría de la materia, sino de la nada —que no es lo mismo que la materia. La materia es algo. Así pues, se mire como se mire, la materia no parece capaz de explicar la vida, ni siquiera la vida en sí misma, y mucho menos fuera de ella.

Pero en el universo hay algo más que mera vida. Hay vida inteligente. Hay un tipo de vida que no sólo vive, sino que piensa en vivir. Hay vida que se repliega sobre sí misma, se estudia, se define, es consciente de sí misma. Nosotros mismos somos esa vida. Mientras leemos y pensamos, estamos viviendo. Mientras estamos en la corriente de la vida, somos espectadores de ella. Ahora bien, si la materia no puede producir vida simple (mera animación),

¿cómo podría producir un ser pensante? ¿Cómo podría la materia, que no tiene vida en sí misma, producir una vida que pueda reflexionar sobre la materia y decirle que no tiene vida en sí misma? Los filósofos medievales solían preguntar: «¿Qué es la materia?», a lo que se respondía: «No importa». Y cuando preguntaban: «¿Qué es la mente?», respondían: «Ninguna materia». La materia no es mente, la mente no es materia. No son padre e hijo, no están lejanamente emparentados, ni siquiera pertenecen a la misma familia del ser.

Si se prueba a la materia para el papel de creadora y se la encuentra deficiente, ¿qué hay de lo inmaterial? Tal vez la fuerza, la energía, la vida, el espíritu sacaron todas las cosas de la nada. Veámoslo. En primer lugar, debemos decir que tal fuerza o energía tendría que ser autoexistente. Porque si no existiera por sí misma, dependería de algo o de alguien y, por tanto, no podría ser la fuente última. No puede depender de nada más que de sí misma si quiere explicar todo por sí misma. Por tanto, debe ser autoexistente. Y, por supuesto, si existe por sí misma, debe ser eterna. Si no fuera eterna, tendría que haber habido un tiempo en el que no lo fuera y en el que algo o alguien la hiciera existir. En ese caso, no podría ser la explicación de todas las cosas y todas las personas. Por tanto, debe ser eterna. Y debe ser personal. Porque, si no fuera personal, tendría que ser impersonal. Pero si fuera impersonal, ¿cómo podría haber producido personas? ¿Cómo podríamos haber llegado a existir para hacer preguntas acerca de algo en última instancia impersonal que necesariamente no podía entender nuestras preguntas, y mucho menos responderlas? Tal vez, como algunos especulan, lo último es super personal. Sea como fuere, lo último no puede ser sub-personal o impersonal y aun así ser la fuente de un tipo de ser superior a sí mismo, un ser que puede hacer preguntas que lo último no puede responder.

Hay otra forma en la que se ha intentado evitar el argumento causal. Se trata de la afirmación de que todo surgió por evolución. Este punto de vista no se asocia con nadie en particular porque tiene más la naturaleza de una sugerencia aparentemente plausible que de un argumento real. Por ello, la mayoría de los evolucionistas no han recurrido a ella. Darwin, por ejemplo, creía que Dios creó las «gémulas» originales a partir de las cuales evolucionó el mundo. Para él, la evolución es un modo subsiguiente y no una causa antecedente. La mayoría de los evolucionistas se han abstenido de sugerir que la evolución tenga algo que decir sobre los orígenes.

Sin embargo, algunos aún han profesado creer en la «evolución causal». Examinemos la postura en función de sus méritos intrínsecos. Esta es la pregunta que nos plantearíamos «Si todo evolucionó a partir de la evolución, ¿de qué evolucionó la evolución?». Si evolucionó a partir de otra cosa, nos reconocemos de nuevo en las bobinas de la regresión infinita. ¿Y cómo puede haber una evolución que no evolucione? Incluso si estas dificultades no fueran insuperables, nos enfrentaríamos aún a otro dilema. Si la evolución fuera un poder causal y si fuera auto explicativa, ¿cómo podría explicar otra cosa? ¿Por qué hay algo (además de la evolución) y no nada? La evolución, por definición, no crea. Pero si no puede crear, ¿cómo puede producir un mundo en evolución? Algunos dirían que no *produce* este mundo en evolución, sino que es este mundo en evolución. Esto, sin embargo, es plantear la cuestión, pues ya hemos señalado la dificultad de suponer que el mundo simplemente «está ahí». Consideraciones como éstas revelan la sabiduría de la gran mayoría de los evolucionistas al abstenerse de hacer afirmaciones causales sobre la evolución. Hablaremos más sobre este tema en un capítulo posterior.

Nuestro mundo y nuestro universo sostienen que la causa que los sustenta es una sola. El universo está compuesto de muchas partes, pero de un solo plan. Un cosmos, o conjunto ordenado, implica una sola mente ordenadora detrás de él.

Tomemos un ejemplo del trabajo en equipo del universo, una gota de lluvia. La gota de lluvia cae sobre la tierra y proporciona al suelo varios elementos necesarios. Los árboles, las flores y las hierbas la absorben a través de sus raíces. Allí, el agua, mediante un proceso llamado fotosíntesis, se transforma en elementos útiles para la vida vegetal y se libera al aire en forma gaseosa, para finalmente volver a visitar la tierra como gota de lluvia.

Es una imagen única de la unidad de nuestro mundo, la concatenación evidente de sus múltiples partes. Hay pruebas de que el universo funciona como un equipo. Es un universo y no un «pluriverso». Y puesto que hemos visto que debe tener una causa, la uniformidad de todo ello sugeriría la unidad de esta causa, ¿no es así? Pues no necesariamente.

No necesariamente, porque parece concebible que pueda haber muchos agentes trabajando al unísono para producir el cosmos. Es una hipótesis perfectamente admisible que este universo sea el producto de muchas fuerzas o dioses trabajando juntos en perfecta unidad. ¿Cómo saber si es así?

En primer lugar, ya hemos demostrado que sólo puede haber una causa detrás del universo. Sólo una causa última independiente. Eso descarta la posibilidad de que haya muchas. Por lo tanto, aunque sería concebible, en lo que se refiere al orden del universo, que fuera el producto de muchas causas que actúan en armonía, esta posibilidad, por lo demás válida, queda excluida por el hecho de que sólo puede haber una causa. Si hubiera muchas causas que actuaran realmente produciendo la unidad del universo, estas causas tendrían que ser derivadas y, por tanto, sólo expresiones del propósito de esta causa única.

Pero entonces, ¿nos ha hecho avanzar este «argumento cosmológico»? Sólo en confirmar el argumento anterior. Es decir, la unidad del mundo confirma la noción de que no hay más que una causa detrás de él. En sí misma no puede probar que la haya, ya que podría haber muchas causas armoniosas trabajando en cooperación. Pero el mundo es estrictamente coherente con el hecho de que sólo hay una causa. Por lo tanto, este argumento no es independiente, sino corroborativo.

También hay muchas pruebas de la existencia de un propósito en nuestro mundo —al menos cosas que sugieren inteligencia. El diente de león lanza un pequeño paracaídas para transportar su semilla con el viento y encontrar un lugar donde germinar. Eso sí que es intención. Sabemos por experiencia propia que hacemos cosas así. Construimos una casa para vivir, hacemos pan para comer. Hacemos cosas con un propósito todo el tiempo. William James ha definido al hombre como un «luchador por fines». Es un animal con fines. Por lo tanto, reconocemos el propósito cuando lo vemos. Pero buscamos en vano algo en el diente de león que se corresponda con nuestro cerebro, el cerebro que nos permite idear planes útiles. Y, sin embargo, el diente de león hace cosas que se ajustan tanto a sus fines como nuestros planes a los nuestros. Aunque no podamos encontrar la finalidad en el propio diente de león, no negamos esa finalidad. Lo buscamos en otra parte. Y ese «en otra parte» debe ser la causa última que, como hemos visto, está detrás de todo lo que es.

De hecho, cuando consideramos esta finalidad nuestra, nos damos cuenta inmediatamente de que en realidad no es nuestra en absoluto. La mostramos. Somos intencionales, sin duda. Pero es una capacidad que nos ha sido dada. No decidimos serlo. No la hemos diseñado. Somos intencionales. Y aunque nuestra intencionalidad está en nosotros mismos en un sentido en el que la intencionalidad del diente de león no está en sí mismo, esto es sólo «en cierto sentido», después de todo. Nuestra intencionalidad está *en* nosotros, y está *fuera* del diente de león. Pero no la hemos puesto en nosotros, como tampoco el diente de león la ha puesto fuera de sí mismo. Tanto el hombre como el diente de león tienen un propósito en su interior.

¿Y de dónde viene? Bien, sabemos que no está en el diente de león y que no la hemos puesto nosotros. Tiene que venir de alguna otra fuente. Ya hemos demostrado que la fuente de todas las cosas es la causa última. Por tanto, debe ser la causa de la finalidad y de todo lo demás. Pero si es la autora de la finalidad, debe ser ella misma la finalidad, es decir, debe ser una causa con finalidad. O, dicho de otro modo, la causa primera debe ser inteligente.

Pero surge la pregunta legítima, «¿No puede haber sido la causa última la fuente de toda mera existencia, y estas meras existencias simplemente haber desarrollado, bajo la necesidad, su propia intencionalidad?». ¿Debemos concluir que la causa fue intencional porque las cosas que originalmente surgieron de ella son intencionales? O, dicho de otro modo, ¿no es posible que esta causa creara los dientes de león y éstos desarrollaran su propio método de reproducción? Por supuesto, plantearlo así hace que la pregunta parezca absurda. Pero ¿la hacemos parecer más absurda de lo que es en realidad? ¿Ponemos la cuestión de otra forma que no sea la que debe ser cuando comprendemos la naturaleza de la propia cuestión? Si esta causa no puso una tendencia teleológica en las cosas hechas, ¿no deben las cosas hechas haberla desarrollado por sí mismas? Pero, si tuvieran que desarrollarla por sí mismas bajo las exigencias de su situación, en primer lugar, nunca habrían sobrevivido a la situación. Es decir, las cosas necesitan esta actividad intencionada para sobrevivir. Sin ella, en primer lugar, no podrían sobrevivir lo suficiente para desarrollarla. El propósito no es el resultado de la necesidad de sobrevivir; la supervivencia es el resultado del propósito.

También es interesante considerar que sería contradictorio que los agentes no propositivos desarrollaran una finalidad que no tenían al principio. Si no tuvieran tendencias intencionales, ¿por qué las desarrollarían? ¿Se puede desarrollar la intención sin intención? ¿Se puede desarrollar el propósito sin propósito? Según la hipótesis, el agente sin propósito habría desarrollado el propósito sin propósito; el agente sin intención habría desarrollado la intención sin intención. Lo contrario debe ser el caso; si se supusiera que el agente no tiene finalidad, pero que ha procedido intencionalmente a desarrollarla bajo las exigencias de la situación (para sobrevivir, por ejemplo), se probaría la presencia de finalidad.

Pero ¿alguien dirá que las cosas pueden haber desarrollado la intencionalidad sin propósito o accidentalmente? La propia hipótesis, la única posible, descarta esta posibilidad. Es decir, estamos pensando en agentes no propositivos que desarrollan acciones propositivas que les sirven para sobrevivir. Eso es lo mismo que decir que los agentes no propositivos desarrollan acciones propositivas con el fin de sobrevivir. El agente está rodeado de un problema, la supervivencia. Responde de una manera en lugar de otra. ¿Por qué? Evidentemente, para sobrevivir. ¿Podría alguien decir que simplemente se adaptó a su entorno sin el propósito de sobrevivir? Pero si se adaptó así, repetimos, debió de ser un ser con propósito al principio.

Así pues, sabemos que esta causa última es una causa intencionada. Lo sabemos porque todo lo que sucede proviene en última instancia de esta causa, y puesto que el propósito o la intención suceden, deben provenir en última instancia de esta causa. Y si proceden de esta causa, esta causa debe haber sido intencional, ya que la finalidad procede de ella. ¿Podría ser posible que el propósito viniera de alguna otra fuente? Podría ser —si hubiera alguna otra fuente. Pero ya hemos demostrado que no puede haber otra fuente. Por lo tanto, debe provenir de esta única fuente posible. De este modo, el argumento se apoya en nuestro anterior argumento de la causa, pero arroja más luz sobre la naturaleza de esta causa, a saber, que es una causa intencional.

5

El Argumento Teísta (II)

Otra cosa que notamos en este mundo nuestro es la moralidad o conciencia moral —el sentido del bien y del mal. Supongamos que alguien intenta negar esta afirmación casi universalmente admitida. Bien, hagámosle una pregunta. ¿Es correcta o incorrecta nuestra afirmación de que existe un sentido del bien y del mal? Responderá que es errónea. Y si le preguntamos si su afirmación de que no existe tal sentido del bien y del mal es correcta o incorrecta, responderá que es correcta. Así que el que niega el sentido del bien y del mal lo ejerce él mismo. ¿Es correcto o incorrecto, lector, usar un sentido de lo correcto y lo incorrecto para negar la existencia de un sentido de lo correcto y lo incorrecto?

En este punto, tal persona protestará en voz alta, diciendo que el argumento anterior es el sofisma más puro; es decir, es algo que parece correcto, pero es muy erróneo. Así que su sentido de lo correcto y lo incorrecto se ejercitará aún más en su negación del argumento del sentido de lo correcto y lo incorrecto. Pero pasando por alto esa incoherencia, escucharemos cómo se opone a nuestra afirmación inicial de que existe tal sentido y que su propia protesta es prueba de ello. Dirá, es prueba de algo completamente diferente; es prueba de un conocimiento del bien y del mal, no de un sentido del bien y del mal. No es prueba de un sentido moral, sino meramente de un juicio intelectual, un juicio de «verdadero y falso». Ahora bien, concederemos que es prueba de un conocimiento de lo correcto y lo incorrecto como intelectualmente verdadero o falso. Pero si miramos más de cerca, veremos que es más que eso. Concedido que podemos decir de cualquier afirmación, incluyendo la afirmación de que hay un sentido moral de lo correcto y lo incorrecto, que es correcto o incorrecto y significarlo en referencia al conocimiento. Supongamos que el objetor dice de nuestra afirmación (que hay un sentido moral del bien y del mal) que es errónea, en la medida en que el supuesto «sentido» no existe. Supongamos que nuestra respuesta es, «¿Y qué? Sé que no existe el sentido moral, pero seguiré diciendo que existe igualmente». ¿Entonces qué? ¿Dejará el objetor de lado el asunto? Si quiere ser intratable, puede; pero si quiere ser humano, dirá, «Es incorrecto decir que existe un sentido moral del bien y del mal cuando no existe». Ahora ya no está emitiendo un juicio meramente intelectual. Ahora dice que está mal como juicio moral y como cuestión de sentimientos. No es sólo fríamente intelectual, sino calurosamente moral. Por lo tanto, en cualquier juicio intelectual sobre el bien y el mal también está presente el sentido moral. Así que hacer la afirmación intelectual de que no hay sentido de lo correcto y lo incorrecto es contradictorio, porque esta afirmación lleva consigo el sentido moral de lo correcto y lo incorrecto.

Lo que es cierto en la ilustración anterior lo es en todas las situaciones. Como seres intelectuales, juzgamos que ciertas cosas están bien o mal. Pero ese juicio siempre va acompañado de la noción de que lo que juzgamos correcto, deberíamos juzgarlo correcto; y lo que juzgamos incorrecto, deberíamos juzgarlo incorrecto. Y sería moralmente correcto que apoyáramos lo que es un juicio intelectualmente correcto, y sería moralmente incorrecto que nos opusiéramos a un juicio intelectualmente correcto. Como hemos dicho, se convierte en una cuestión de sentimiento, de sentimiento moral. Cuando vemos algo que nos parece correcto, nos sentimos en la obligación de apoyarlo; y cuando vemos algo que nos parece incorrecto, nos sentimos en la obligación de oponernos a ello. Si apoyamos lo que creemos que está mal y nos oponemos a lo que creemos que está bien, algo en nosotros nos acusa; pero si apoyamos lo que creemos que está bien y nos oponemos a lo que creemos que está mal, algo en nosotros nos gratifica.

Este es el significado básico de la palabra «conciencia». *Conscientia* significa «con conocimiento». Hay algo en la constitución humana que va unido al conocimiento, y esto se llama comúnmente conciencia. No añade ninguna información, pero da color a la información que se posee o se cree poseer. El conocimiento puede ser sólido o infundado, bien fundamentado o mal fundamentado, pero sea lo que sea lo que el conocimiento parece ser, este algo en el hombre lo evalúa en términos de deber. Así pues, la conciencia puede estar iluminada o no, dependiendo por completo del carácter del conocimiento sobre el que opera. Sin embargo, en sí misma es infalible en el sentido de que acompaña a todo juicio. Puede estar «cauterizada» (es decir, los deseos pueden inclinar de tal modo a una determinada acción errónea que tiendan a acallar o silenciar esta pequeña voz de la conciencia), pero la voz siempre está ahí y siempre puede ser oída.

¿Qué pensar de esta conciencia moral, de esta conciencia del hombre? ¿De dónde viene? Ahora está en el hombre, es cierto. ¿Estaba en él al principio? ¿O la desarrolló cuando aprendió a construir casas para satisfacer sus necesidades físicas? Existe un erudito simposio titulado *The Dawn of Conscience* (El amanecer de la conciencia, 1934), que sostiene que hubo un momento concreto en la historia de la humanidad en el que la conciencia apareció por primera vez; y quienes están de acuerdo también piensan que hay un momento concreto en la vida de cada individuo en el que la conciencia aparece o amanece. No es necesario que sigamos explicando cómo se cree que surge la conciencia. Nos basta con señalar que algunos piensan que los hombres la desarrollan por sí mismos para satisfacer sus necesidades a medida que surgen.

Así vemos que algunos piensan que el desarrollo de la conciencia es una actividad intencionada por parte del hombre. Desarrolla la conciencia porque la necesita. Hemos tratado de demostrar más arriba que la finalidad misma debe proceder de un ser último. Por lo tanto, si en el hombre existe el propósito o la tendencia a desarrollar una naturaleza moral, debe provenir de la causa última. Puede, teóricamente, haber venido a través del hombre, pero debe haber venido de la causa última. Por lo tanto, según esta hipótesis, la conciencia debe ser por el hombre, pero no del hombre. Como construye una casa, construye su conciencia, tal vez. En cualquier caso, la tendencia a construir una conciencia provendría de la causa última, al igual que la tendencia a la autoconservación provendría de la misma fuente.

Pero ¿construye realmente el hombre una conciencia como construye una casa? ¿Se da cuenta el hombre de la necesidad de una conciencia como se da cuenta de la necesidad de un refugio? ¿Dirá algún día, «Debería tener un sentido del deber»?

Pero también en este caso, al plantear la pregunta, hemos revelado el secreto. En realidad, no es posible desarrollar una conciencia como supone nuestra hipótesis, porque ésta supondría que el hombre dijera, «Debo tener un sentido del deber». Por supuesto, si debe tener un sentido del «deber», parece como si ya lo tuviera. Su sentido del «deber» es lo que en realidad le está sugiriendo que debería tener un sentido del «deber». A nadie le gusta plantear la cuestión de este modo, porque no hace honor a su inteligencia. Así que, tratando de justificarse, un hombre puede decir, «Lo que quiero decir es que los hombres llegan a sentir la necesidad de una facultad de 'deber'. No sienten que deban tener un sentido del 'deber'; eso sería contradictorio, hay que admitirlo. Simplemente llegan a pensar que sería bueno o útil tener un sentido del 'deber'. No sienten un sentido del 'deber' al desarrollar un sentido del 'deber'; sólo un sentido de la utilidad». Admitimos que la afirmación hecha así no es manifiestamente contradictoria y absurda. Pero ¿es cierta?

Supongamos que un hombre sin conciencia dice, más o menos conscientemente, «Voy a desarrollar un sentido del 'deber' y por este sentido juzgar qué cosas deben y no deben hacerse». ¿Es eso pensable? En lugar de analizar esto en abstracto, tomemos un ejemplo concreto. Supongamos que una persona crea un sentido del «deber» de hacer a los demás lo que le gustaría que le hicieran a él. Aplicando este «deber» autoimpuesto, se enfrenta a esta situación: Una persona que siempre le ha odiado, ha dicho mentiras abominables sobre él, le ha hecho bajar de categoría y, finalmente, le ha hecho perder su trabajo y su reputación, es la única persona que conoce que tiene mejores conocimientos de matemáticas que él. Un empresario le ofrece un trabajo con un sueldo fabuloso y una gran distinción porque le considera el matemático más competente de un determinado territorio. El hombre sabe que su enemigo es el único mejor, pero que él es mejor. De acuerdo con la regla de oro, tiene la obligación de decírselo a su jefe, porque le gustaría que su enemigo lo hiciera si la situación fuera al revés y él fuera el mejor de los dos matemáticos. El hecho de que su enemigo no lo hiciera, el hecho de que lo último en lo que pensaría sería en la regla de oro, no viene al caso. El hombre en cuestión se ha sometido a una regla. Pero la cuestión es si la regla es válida. ¿Podría esperarse que se mantuviera? El hombre estaría haciendo un gran esfuerzo. ¿Se romperían las cuerdas o no? Se romperían como cuerdas ligeras. No querría estar atado, y si por un momento sintiera que lo estuviera, se diría inmediatamente, «¿Por qué debería? No tengo más obligaciones que las que yo mismo me he impuesto. ¿Por qué habría de hacerlo? ¿Por qué debo cumplir la obligación que yo mismo me he impuesto? ¿Qué obligación tengo de cumplir mi obligación?». Ninguna, por supuesto. No tiene ninguna obligación de cumplir las obligaciones que se ha impuesto a sí mismo. Si siente la obligación de cumplir con las obligaciones autoimpuestas, la obligación que siente no es autoimpuesta. Por lo tanto, el «deber» que ha inventado no tiene ningún sentido del «deber», a menos que esté respaldado por un sentido del «deber» que él no ha inventado. O, dicho de otro modo, la única hipótesis en la que el sentido del «deber» de un hombre es vinculante para él es la que sostiene que no es su sentido del «deber» en absoluto.

Una vez más, entonces, encontramos que la facultad moral que está en el hombre no fue puesta allí por el hombre. Nuestra gran y recurrente pregunta es, «¿De dónde vino esta conciencia?». Y nuestra gran y recurrente respuesta es, «Debe haber venido de la primera y última causa. ¿De dónde si no?».

Así pues, nuestra causa primera es primera, última, independiente, inteligente y de carácter moral. «¡Pero espera!» dice alguien. «¿Por qué, puesto que la conciencia moral procede de esta causa, la causa misma es moral? ¿No es posible que la causa haya producido la conciencia sin poseerla ella misma? Después de todo, la causa es diferente de muchas de las cosas que han procedido de ella».

Supongamos que esta causa primera sea ella misma no moral, y que dijera o decretara que en el universo hubiera seres morales distintos de ella misma. Esto significaría que la causa tiene al menos la idea de conciencia en su constitución. Puede concebir, al menos, el bien y el mal y un agente cuyas acciones son correctas e incorrectas. Ahora bien, ¿es posible que pueda concebir tales seres y no ser ella misma tal ser? De ser así, actuaría sin tener conciencia de si debe actuar o no. Actuaría inteligentemente, como ya hemos demostrado, pero actuaría sin tener en cuenta si la acción particular es moral o no. En lo que concierne al ser, la acción sería acción y eso es todo, no acción correcta. La acción correcta no tendría sentido para él. Sus criaturas podrían decir de sus acciones que eran correctas, pero eso sólo podría significar correcto con respecto a la criatura y no con respecto al creador. La criatura podría emitir un juicio sobre las acciones del creador que ni siquiera el creador podría emitir.

¿Podría haber algún incentivo para que la causa creara algo más si no tuviera conciencia moral? Es cierto que sabría cómo hacerlo y tendría poder para ello. Pero ¿tendría algún incentivo para hacerlo si no sintiera que debe hacerlo? ¿O se trata de un razonamiento erróneo? ¿Pensamiento antropomórfico que atribuye a la causa el mismo tipo de funcionamiento que conocemos en los hombres? En el supuesto que nos ocupa, debemos suponer que la causa puede hacer lo que hace sin ningún incentivo. Tiene poder y lo ejerce; tiene inteligencia y la utiliza. Tal vez no tenga ningún incentivo, pero ¿por qué tendría que tenerlo? ¿Es esto concebible? ¿Es concebible el poder inmotivado, el poder controlado únicamente por la inteligencia, que diría, «Puesto que tienes que funcionar necesariamente, hazlo así»?

Supongamos que este poder es inercial, y la razón tiene que decir, «Deberías ponerte las pilas y hacer algo». Entonces la potencia pregunta, «¿Qué?» y la razón dice, «Esto y aquello», y la potencia lo hace. Esto haría que la inteligencia determinara la acción de nuestra causa. Y así tendría que ser, porque si el poder fuera ciego, se seguiría que la causa carece de inteligencia. Puesto que tiene inteligencia, como hemos visto, debe evidenciarla. Y, por tanto, parecería que la inteligencia pondría en movimiento lo que se pone en movimiento. Pero ¿puede la razón dar cuenta de la motivación? La razón puede decir, por ejemplo, que el poder puede ejercerse en la producción de agentes morales. ¿Puede hacer algo más que eso? ¿Puede decir de algún modo que, puesto que el poder puede ejercerse así, así será? ¿Cómo va a persuadir a la fuerza para que actúe? El mero hecho de tener un plan según el cual puede actuar no parece garantizar que el poder vaya a actuar así. Podría haber otros planes o podría haber inercia. ¿Qué lo determinaría entonces? No parece haber nada en el poder o en la inteligencia que proporcione la motivación necesaria que pueda decir a la causa, «Haz tal cosa porque debes hacer tal otra». Es concebible que haya seres hechos por esta causa que puedan actuar por mero instinto, pero ¿cómo puede una causa inteligente actuar por mero instinto? Eso no sería una acción inteligente. Tampoco una acción meramente inteligente sería realmente una acción inteligible o inteligente. Debe haber alguna razón o incentivo para usar la inteligencia y el poder de una manera particular. Por lo tanto, parece que esta causa no sólo es la fuente del «deber», sino que ella misma debe poseer un «deber».

Además, si esta causa no fuera moral, tendría que ser indiferente a los seres morales. Aunque los hubiera hecho morales, tendría que ser indiferente a si funcionan moralmente o no. Podrían tener la sensación de que deberían hacer ciertas cosas y no hacer otras, pero a su autor no le importaría lo más mínimo lo que hicieran. El «deber» en las criaturas debe tener una referencia fuera de ellas mismas, como hemos demostrado, o de lo contrario no tiene sentido. Pero ¿a qué fuera de ellas mismas? Difícilmente a la fuente de la que proceden si es moralmente desinteresada. De hecho, la causa ni siquiera sería capaz de comprender lo que ha producido. Si comprendiera el sentido del «deber», tendría que imponerlo. Es decir, la causa tendría que castigar la desobediencia de la conciencia. Debería hacerlo. No hacerlo sería una violación de la naturaleza de la criatura que el Creador habría hecho. Y eso sería una confusión cósmica de la peor especie —impensable, increíble, inmoral y poco inteligente.

Pero volvamos a la afirmación, «La causa tendría que castigar la desobediencia de la conciencia». No necesariamente, argumenta alguien. La causa podría haber inculcado el factor moral en el hombre como algo automático. Cuando el hombre la obedeciera se sentiría bien, y cuando la desobedeciera se sentiría mal. Lo uno sería su recompensa por obedecer, y lo otro su castigo por desobedecer. No tiene por qué haber nada más, dejando a la causa misma la libertad de desentenderse del comportamiento de la criatura. Pero de esta suposición surgen dos dificultades.

En primer lugar, si una de las criaturas que constantemente hace caso omiso de su sentido moral evitara las consecuencias cauterizando su conciencia, ¿qué ocurriría entonces? Es decir, si silenciara su conciencia, no se sentiría mal, sino sólo indiferente a sus violaciones de la misma. Esto le permitiría hacer el mal sin cosechar ninguna consecuencia. La facultad moral sería insignificante e inútil. Y se reflejaría inmediatamente en la inteligencia de la causa que, habiendo hecho una facultad para controlar a los hombres automáticamente, les permitiera atascarla e impedir que la cosa funcionara como se pretendía. ¿Acaso la inmensa mayoría de los hombres, si no todos, no bloquearían también sus obras morales para poder pecar impunemente? Incluso suponiendo que la causa no sea moral en sí misma, sino totalmente indiferente a la moralidad, ahora se vería avergonzada como no inteligente. La inteligencia suprema se vería burlada por meras criaturas —algo inconcebible.

Pero hay un segundo problema: la prosperidad de los malvados. Muchos de los que reprimen su conciencia pueden prosperar, y de hecho prosperan, en lo que a este mundo se refiere. El chantajista toma lo que quiere, liquidando a cualquiera que, en interés de la conciencia, se le oponga. Ahora bien, si la causa inteligente fuera moralmente indiferente a todo esto, parecería que la persona que viola más a fondo la facultad moral de que está dotada tiene al universo de su parte. Las estrellas, en su curso, luchan ahora a favor, y no en contra, de Sísara. Por lo tanto, la causa estaría doblemente avergonzada: el violador de su regulador moral incorporado no sólo podría sofocar este regulador, sino que sería recompensado por el orden exterior de las cosas por hacerlo.

Parece, pues, que si la causa no es moral tampoco es inteligente. Si produce moralidad en otros sin poseerla en sí misma, entonces no es sabia. Como hemos intentado demostrar, las criaturas podrían funcionar mejor prescindiendo de su conciencia. Por tanto, si la causa es inteligente, no puede ser no moral. O, hablando positivamente, si la causa es inteligente también debe ser moral.

Y así llegamos a nuestro cuadro compuesto —debe haber una causa última que sea inteligente y moral. La gran pregunta que se nos plantea ahora es:

¿Es esta causa personal? Ya hemos demostrado que tiene varias cualidades que son esenciales para la personalidad: poder para actuar, inteligencia y conciencia moral. Parece que sólo hay una cosa esencial para la personalidad que todavía no hemos encontrado que posea la causa. Se trata de la autoconciencia.

¿Es la causa consciente de sí misma? ¿Es consciente de lo que hace? ¿Reflexiona sobre sus actos? ¿Emite juicios sobre sus pensamientos, acciones y sentimientos morales? Pues bien, o lo hace o no lo hace. Supongamos que no lo hace y que, por tanto, carece de una parte esencial de la personalidad. Esto significaría que la causa realiza actos inteligentes sin tener conciencia de que los realiza. ¿Es eso posible? ¿Puede algo realizar un acto inteligente sin ser consciente de que lo está haciendo? «Sí», respondes, «toma como ejemplo tu diente de león. Crece y se reproduce de forma muy inteligente, pero no hay pruebas de que sea consciente de ello. ¿No puede ser la causa como el diente de león que hizo?». Difícilmente, porque, como hemos demostrado antes, el hecho mismo de que el diente de león no muestre signos de inteligencia deliberada nos obliga a buscar en otra parte el secreto de sus acciones inteligentes. Debe haber alguna otra explicación de la inteligencia si no se encuentra en el propio diente de león. Ahora bien, si la causa fuera como el diente de león, también habría que explicarla. Tendría que haber una causa detrás de él de la que procedieran sus actos inteligentes, ya que se piensa que él mismo no los realiza deliberadamente. Puesto que no puede haber una causa detrás de la causa última, la inteligencia debe ser deliberada en sí misma, lo que equivale a decir que la causa es consciente de sus actos inteligentes.

Lo mismo puede demostrarse con respecto a las acciones morales de la causa primera. Funcionar moralmente y también inconscientemente sería una contradicción en los términos. ¿Cómo puede algo ser inconscientemente moral? ¿Cómo puede algo inconscientemente hacer algo bien o inconscientemente hacer algo mal? Ya hemos demostrado que un «acto de conciencia» es un acto consciente. La conciencia es la conciencia moral de que una acción está o no de acuerdo con el juicio moral. Una mala conciencia hiere y una buena conciencia consuela. Pero hablar de un sentido moral insensible o de una conciencia inconsciente no tiene sentido. Una causa que hace el bien y no siente placer por ello sería impensable. Podría concebirse que hiciera algo poderoso o sabio sin tener sentimientos, pero no podemos comprender que haga el bien sin sentir. La noción misma de hacer lo correcto implica ajustarse concienzudamente al juicio moral. Y conformarse *conscientemente* a lo correcto es conformarse *conscientemente* a lo correcto. Y conformarse conscientemente significa que la primera causa es una persona moral.

6

Resumen y Críticas al Argumento Teísta

Recapitulemos, reuniendo los argumentos teístas y examinando las críticas que se les han hecho. Comenzamos nuestro razonamiento de la siguiente manera: El hombre es un animal pensante. Esto es fundamental. No hay crítica al hecho de que no lo asuma. Nadie puede decir que el hombre no es un animal pensante sin pensar. Debe partir del pensamiento para negar el pensamiento. Así pues, nuestras mentes son nuestros puntos de partida inevitables. No se puede ir más allá. No puede haber otro punto de partida.

Este argumento en sí mismo no es un argumento teísta. Pero combinado con el argumento causal, se convierte, creemos, en un argumento poderoso. Es decir, la inevitabilidad de confiar en nuestra propia mente no prueba otra cosa que debemos confiar en nuestra propia mente y que no puede haber otro punto de partida. Pero si se puede demostrar que somos criaturas y que Dios nos hizo, entonces nuestra observación se vuelve significativa. Porque si Dios nos hizo de tal modo que el pensamiento es nuestra fuente inevitable de conocimiento, entonces tendría que ser una fuente fiable de conocimiento, un verdadero medio para comprender la naturaleza de las cosas.

Pasemos ahora a resumir el argumento causal. Hemos intentado demostrar que la materia no puede aspirar al papel de causa de todas las cosas porque ella misma necesita una causa. Nada en la naturaleza de un efecto puede ser la primera causa, ya que debe ser una causa pura o incausada. Debe ser independiente y eterna, pues si dependiera de otra cosa no sería la causa ultima, y si surgió en el tiempo habría tenido que depender de otra cosa que la hizo surgir en el tiempo. Entonces tendría que haber alguna razón para su existencia, y esta razón tendría que haber sido su causa, de modo que no podría haber sido la causa última. Argumentamos, por lo tanto, que debe haber habido una primera causa espiritual, un «motor inmóvil».

Mediante el argumento teleológico intentamos demostrar que este universo, tal como lo conocemos, da pruebas de una finalidad. Y puesto que en el argumento causal habíamos señalado previamente que la primera causa debía ser el autor de las cosas, esta finalidad debe atribuirse a esa causa. Así pues, la causa debe ser racional o inteligente. Dada la causa primera y dado el hecho de la finalidad de las cosas que han surgido de esta causa primera, llegamos a la conclusión de que el originador del universo es una causa inteligente.

El argumento moral que presentamos surgió de nuestra observación del hombre tal como existe en este universo. Además de ser una criatura intencional y confirmar así el carácter intencional de su creador, es también una criatura personal y moral. Su moralidad, indicamos, no pudo provenir de él mismo (aunque incluso si así hubiera sido, debió provenir de quien lo hizo a él mismo), sino que tuvo que haber sido una dotación natural o, en otras palabras, una característica implantada por el creador. Puesto que es inconcebible, argumentamos, que el creador implantara tal facultad sin tenerla, concluimos que la causa primera e inteligente fue también moral.

Consideraremos ahora algunas de las objeciones que se han planteado contra estas pruebas. Las Escrituras dicen que «los hombres no quieren tener a Dios en su pensamiento». Esto ha sido más evidente en las objeciones planteadas contra las pruebas de la existencia de un ser divino.

El ataque al argumento ontológico ha tomado generalmente la siguiente forma: El hecho de que el hombre tenga una idea de Dios no es prueba de que exista tal Dios. El monje medieval Gaunilo observó que podía tener una idea de una isla perfecta, pero eso no garantizaba la existencia de tal isla. En tiempos modernos, Immanuel Kant señaló que su idea de la presencia de ciertos táleros (dólares) en su bolsillo no le aseguraba, por desgracia, que estuvieran realmente allí. Se trata esencialmente de réplicas al argumento ontológico tal y como lo formuló Anselmo, aunque no son respuestas realmente adecuadas ni siquiera a esa forma del mismo. Anselmo había dicho que tenemos una idea de un ser perfectísimo que no puede concebirse como superior. No habría considerado pertinentes tales réplicas sobre islas perfectas en el mar o dólares en el bolsillo, en la medida en que ninguna de ellas puede incluirse dentro de la categoría de «la más perfecta de las existencias que no pueda concebirse nada superior». Además, si alguien objetaba a Anselmo que podía pensar en un ser perfectísimo, pero que eso no garantizaba la existencia de tal ser, Anselmo tenía una respuesta preparada. Si, decía, tienes una idea de un ser perfectísimo que no existe, no es el ser más perfecto que no puede concebirse. El ser más perfecto que existe es superior al ser más perfecto que no existe. Al fin y al cabo, la existencia es superior a la no existencia. Por tanto, un ser que existe es superior a uno que no existe. En consecuencia, el ser más perfecto que no puede concebirse ninguno mayor debe existir, porque si no existiera no sería el ser que no puede concebirse ninguno mayor.

Así pues, las refutaciones habituales de la forma habitual del argumento ontológico no tienen éxito. Anselmo tuvo realmente la última palabra contra la mayoría de sus oponentes a lo largo de los siglos. Pero probablemente no tenga la última palabra contra todos ellos. Sigue pareciendo imposible demostrar que Dios existe simplemente porque tenemos la idea de que Dios existe. Aunque tengamos la idea de un ser perfectísimo que no se puede concebir nada mejor, ¿cómo se demuestra que ese ser existe realmente? Todo lo que el argumento parece demostrar es que podemos tener la idea de un ser perfectísimo que no se puede concebir mayor. Pero no vemos que la idea garantice que tal ser exista realmente. Si realmente existiera tal ser, sería mayor que uno que no existe, del mismo modo que la idea de tal ser es una idea mayor que la idea de un ser que no existe. Pero ¿cómo se puede decir más? ¿Cómo puede este argumento probar algo más que esto —que este ser existe realmente?

La forma anselmiana del argumento es invulnerable a la mayoría de las supuestas refutaciones del mismo, pero en su formulación más cuidadosa aún se queda corta para la demostración. En cualquier caso, ésta no es la forma del argumento ontológico que parece convincente. La forma cartesiana que hemos presentado no puede llamarse propiamente argumento ontológico, pero, sea como fuere, no está expuesta a las críticas que se hacen a la forma clásica anselmiana. Tampoco hemos visto ningún argumento que lo refute. De hecho, hemos intentado mostrar que es incapaz de ser refutado porque su crítico debe asumir su posición para atacarlo.

Pero algunos dirán, «concedido que no podemos pensar sin usar nuestro pensamiento, y concedido que no nos hicimos a nosotros mismos animales pensantes, y concedido que si hay un creador debe habernos hecho de esta manera y, por lo tanto, el argumento ontológico es en ese sentido válido; aun así —y esta es la gran objeción— ¿qué prueba tenemos de que realmente hay alguna causa primera como la que este argumento debe tener para adquirir fuerza?». En otras palabras, el ataque se dirige realmente contra el argumento causal al que ahora nos referimos.

Una objeción contra el argumento causal es que es incoherente consigo mismo. Se basa en la suposición, según la crítica, de que todo debe tener una causa. Basándose en este principio, remonta todas las cosas a una causa final. Y entonces y allí de repente se detiene. Pero ¿cómo puede hacerlo de forma coherente? ¿Por qué de repente deja de ser cierto el principio de que todo necesita una causa? Es decir, ¿por qué esta supuesta causa primera no necesita una causa? Si todo lo demás necesita una explicación, ¿por qué esto no la necesita? Si esto no necesita una explicación, ¿por qué otras cosas sí la necesitan?

Esto no es una refutación válida del argumento causal, aunque es una objeción válida a algunas formulaciones descuidadas del mismo. Es decir, si alguien dijera: «Todo debe tener una causa», esta crítica sería completamente pertinente y reveladora. El argumento, sin embargo, no se formula exactamente de esa manera. No sostiene que todo deba tener una causa, sino que todo efecto debe tener una causa. Dado que todo efecto debe tener una causa, en última instancia debe haber una causa que no sea un efecto, sino una causa pura, o ¿cómo explicar los efectos? Una causa que fuera en sí misma un efecto no explicaría nada, sino que requeriría otra explicación. Ésta, a su vez, requeriría otra explicación, y se produciría una mortal regresión infinita. Pero el argumento ha demostrado que el universo tal como lo conocemos es un efecto y no puede explicarse por sí mismo; requiere algo que lo explique y que no sea, como él mismo, un efecto. Debe haber una causa incausada. Este punto se mantiene.

Immanuel Kant responde que, según la línea de razonamiento que hemos seguido, tiene que haber una causa incausada, una causa primera, el autor de todos los efectos. Bien. Pero, continúa, hay otra línea de razonamiento que sostiene que esta causa en sí misma debe tener su explicación —su causa. He ahí, dice, el pensamiento que conduce al retroceso infinito. En consecuencia, su posición es que esta prueba teísta termina en una antinomia, o contradicción, y por lo tanto es inútil. Pero ya hemos indicado lo que está mal en esta crítica. Una parte de la antinomia simplemente no es cierta. Admitimos que, si cada una fuera cierta, tendríamos una contradicción, y el argumento sería inútil. Pero hemos demostrado que sólo una línea de razonamiento es correcta. La idea de que existe un argumento a favor de la regresión infinita se basa en la suposición errónea de que todo debe tener una causa. No hay ninguna prueba de ello y, desde luego, no hemos apelado a ella en el argumento causal. De hecho, es irrelevante, ya que la primera causa no es, por definición, un efecto en absoluto ni puede serlo.

El argumento teleológico ha sido objeto de dos críticas principales. Una es de carácter más bien técnico y la otra popular. Según el argumento técnico, la teleología sólo se refiere a este mundo y, por tanto, no puede decirnos nada acerca de ninguna causa más allá de este mundo. El argumento popular centra su atención en la presencia de aspectos aparentemente no teleológicos del universo. Es decir, parece haber muchas cosas que no llevan el sello de la finalidad; de hecho, son bastante incoherentes con cualquier finalidad y parecen estar en contra de ella.

También Kant ha sido el más firme defensor de la objeción técnica al argumento teleológico. Tenía una preferencia muy clara por este argumento entre todas las pruebas teísticas. Le impresionaban mucho los «cielos estrellados» sobre su cabeza, pero en su opinión no demuestran la existencia de un propósito más allá de este mundo. Es un salto trascendental pasar de las observaciones de este mundo a las existencias del más allá, argumentaba.

Pero, cabe preguntarse, ¿qué hay de malo en el salto trascendental? Si encontramos cosas que no tienen explicación en este mundo, ¿debemos renunciar a buscar una explicación o debemos buscarla en otra parte? ¿Qué es más racional, decir que no hay explicación o decir que debe haber una explicación y buscarla donde pueda encontrarse? Parece evidente que debe haber una explicación en este mundo o en otro. Si no puede encontrarse en este mundo, debemos concluir que puede encontrarse en otro. No parece haber nada intrínsecamente irracional en tal conclusión. Y si estamos procediendo de un efecto finito a una causa infinita, ¿cuál es la falacia en ello? ¿No es más bien eminentemente racional suponer que si una causa finita no puede explicar, una causa infinita debe hacerlo?

Luego está la objeción popular. Gran parte del mundo parece no tener propósito. Parece haber tanto azar o «casualidad». El espermatozoide fecunda el óvulo, pero se utilizan muchos más espermatozoides de los que se necesitan para ese fin. Por tanto, si la finalidad es evidente en el proceso, ¿qué ocurre con los aspectos no intencionados? La semilla del diente de león tiene un paracaídas muy adaptado al transporte. Aun así, muchas de estas semillas caen donde no pueden germinar. ¿Qué ocurre con ellas? Y hablando de propósito moral, ¿no es evidente que cualquiera que sea el propósito de los asuntos humanos, el sol brilla sobre los injustos y el desastre cae sobre los justos? ¿No prosperan a menudo los impíos y sufren a menudo los piadosos?

Comentemos primero la aparente evidencia de ausencia de propósito en el mundo natural. Tomemos el exceso de espermatozoides que se «desperdician» en el proceso de fecundación. Obsérvese en primer lugar que si es así (es decir, si se desperdician), ese hecho no prueba que el que fecundó el óvulo no estaba destinado a ello. Es decir, los factores que no son evidentemente intencionales no militan en contra de los que obviamente lo son. Mientras esté claro que el espermatozoide que fecunda el óvulo y la semilla de diente de león que echa raíces en la tierra estaban adaptados para esos fines, tenemos pruebas de la existencia de una finalidad en el universo. Un millón de casos contrarios no pueden contrarrestar este hecho recurrente.

En segundo lugar, hay pruebas de una finalidad incluso en los espermatozoides que no fecundan el óvulo. La situación es tal que hay muchos obstáculos para que un espermatozoide llegue al óvulo. En tal caso, ¿qué podría ser más inteligente que proporcionar muchos espermatozoides para que al menos uno cumpla el propósito? Si un hombre tratara de atrapar a un animal salvaje que molestara a su vecindario, se consideraría una muestra de inteligencia que pusiera varias trampas y no sólo una. En realidad, sólo se utilizaría una, pero para asegurar el logro de su propósito, sería sabio colocar muchas. Alguien puede objetar esta analogía, diciendo, «esto es bastante cierto para el hombre finito, pero Dios, que lo sabe todo, no puede ser ignorante». Pero olvidamos que Dios trabaja con cosas finitas. Por ejemplo, el trampero es finito, y admitimos que su acción de poner muchas trampas es inteligente. ¿Olvidamos que es una creación de Dios y que Dios pudo haberlo hecho de modo que, sabiendo de antemano dónde vendría el animal, sólo necesitara poner una trampa? Si no es un reflejo de la inteligencia de Dios hacer un hombre que es menos inteligente que Él, ¿sería un reflejo de la inteligencia intencional de Dios hacer un espermatozoide que es menos inteligente que Él, pero que, sin embargo, está notablemente adaptado a su entorno?

Por último, examinamos las principales críticas al argumento moral. Algunos admiten que parece haber conciencia y moralidad. Sin embargo, le dan la vuelta a esta admisión como argumento a favor de Dios, diciendo que no muestra nada sobre Dios, sino sólo sobre el propio entorno del hombre. Dicen que la ley moral no es algo absoluto, sino un mero reflejo de las costumbres y tradiciones imperantes en una determinada comunidad. La conciencia varía con el clima; la ley moral fluctúa con el siglo; el bien y el mal son tan diversos como los individuos que profesan saber lo que son. Tales personas me dirán que escribo a favor de una conciencia absoluta y una ley moral inflexible porque eso es lo que me enseñaron.

Muy bien, hablemos de esta posición. Si dicen que escribo como lo hago porque he sido educado como he sido educado, entonces supongo que puedo decirles, «usted escribe como lo hace porque ha sido educado como ha sido educado». Y si adoptan la postura que adoptan, no porque sea correcta, sino porque resulta que es lo que les enseñaron que era correcto, entonces no es necesariamente correcta después de todo. Es decir, no tienen necesariamente razón cuando dicen que yo no tengo necesariamente razón. Sólo reflejan sus propios antecedentes provinciales cuando dicen que yo sólo reflejo mis propios antecedentes provinciales. Sus observaciones sobre su propia teoría son totalmente subjetivas y carecen de validez. Por supuesto, las hacen pensando que son objetivas y que poseen validez. Pero, cuando asumen que son objetivas, están asumiendo nuestra posición y no la suya. En otras palabras, para criticar nuestra posición deben asumir la nuestra. Si son coherentes con su propia posición, no pueden criticar la nuestra ni la de nadie. Están obligados a guardar un educado silencio mientras se discute entre personas que tienen razones para creer que existen conciencias absolutas, reglas del bien y del mal, leyes universales y otras cosas objetivas por el estilo.

No pretendemos haber considerado todas las críticas que se han hecho contra las pruebas teístas, ni haber dicho todo lo que se ha dicho en su defensa, pero tal vez se ha dicho lo suficiente para justificar las palabras de Pablo, «Las cosas invisibles de él desde la creación del mundo se ven claramente, siendo entendidas por las cosas hechas» (Ro 1:20).

Tercera Parte

Sobre la Verdad del Cristianismo

7

La Necesidad de una Revelación Especial

Hemos aprendido mucho sobre el Creador del mundo. Pero aún nos queda mucho por aprender. De hecho, las cosas más importantes aún no se han dicho. Recojamos lo que hemos descubierto, y luego consideremos lo que no podemos descubrir sin que Dios nos lo dé a conocer.

Lo que sí sabemos es que no podemos saber más a menos que este gran Ser se complazca en revelarlo. Él es un ser personal, y por nuestro conocimiento de primera mano de los seres personales sabemos que sólo pueden ser conocidos si eligen dejarse conocer. Podemos aprender algunas cosas sobre cualquier persona finita observándola exteriormente, pero no podemos saber con certeza lo que sucede en su mente y en su corazón a menos que nos dé su confianza. Uno puede aprender todo lo que hay que saber sobre la ropa que llevan los hombres sin la participación voluntaria de la ropa en las investigaciones. No ocurre lo mismo con los seres humanos que llevan la ropa. Deben participar en el estudio para que éste sea completo. Si esto es cierto para los hombres, ¿cuánto más para Dios? Si nadie puede conocerme si yo no se lo permito, ¿cómo puede alguien esperar conocer a mi Creador si Él no se lo permite? «Porque ¿quién de los hombres sabe las cosas del hombre, sino el espíritu del hombre que está en él? Así tampoco nadie conoció las cosas de Dios, sino el Espíritu de Dios.» (1Co 2:11).

Pero, yendo al grano, ¿qué es lo que todavía necesitamos saber? En primer lugar, necesitamos saber si Dios se ha dado a conocer. Sabemos que hay un Dios. Sabemos que ese Dios es un ser inteligente y personal. Además, sabemos que nosotros también existimos y somos seres inteligentes y personales. Sabemos que fuimos hechos a su imagen, que nuestra inteligencia no es más que un reflejo de la suya. Pensamos porque Él pensó primero. Sabiendo entonces que Él nos ha hecho criaturas racionales capaces de pensar sus pensamientos después de Él, sabemos que debe ser posible una revelación ulterior para nosotros. Después de todo, Él ya nos ha hablado en las cosas que ha hecho. ¿Qué podría impedirle hablarnos más? El mero hecho de que podamos plantear esta pregunta implica que existe una posible respuesta. Los palos y las piedras no se preocupan por la revelación divina. No tienen oídos para oír ni ojos para ver. Pero nosotros sí, y por eso preguntamos qué podemos ver y qué podemos oír. Por lo tanto, existe la posibilidad de una revelación especial. Esto ya lo sabemos.

Pero sabemos más. Sabemos que hay una probabilidad de revelación. Dios ya se ha revelado sobre algunos asuntos de nuestro destino. ¿Es probable que guarde silencio sobre los asuntos más importantes? ¿Nos hará saber que existe sólo para ocultarnos el conocimiento de cómo existe y cuáles son sus propósitos eternos? ¿Nos abriría el apetito sólo para matarnos de hambre? No hemos aprendido así de Dios. «Buscad y hallaréis», parece estar escrito en grande sobre el universo. ¿Nos pondrá Dios a buscar para que no encontremos? ¿Jugaría a un juego tan cruel?

El mundo en que vivimos es un gran misterio. Dios hizo el mundo, pero dejó que nosotros descubriéramos que Él era el Creador. Pero hay algo único en este misterio divino —el autor quiere que lo encontremos. Deliberadamente ha dejado pistas esparcidas por todas partes. Ha dejado su autoría tan clara que sólo los ciegos intencionados pueden dejar de verla. No se ha dejado a sí mismo sin testigo, para que «tal vez los hombres lo tanteen y lo encuentren». Es evidente que quiere ser el Dios conocido, no el desconocido. Estamos moralmente seguros de que el Dios de este mundo se revelaría. La única pregunta es dónde y cuándo lo ha hecho.

En otras palabras, conocemos la posibilidad, e incluso la alta probabilidad, de una revelación ulterior. Lo que queda por saber es dónde está esa esperada revelación. Esto, la naturaleza no nos lo dice. Queda por descubrir. La naturaleza insinúa con fuerza que debe haber una revelación ulterior. Pero no puede decirnos cuál es esa revelación. El libro de la naturaleza ha terminado. Ahora hay que abrir el segundo volumen, el libro de la revelación.

Una segunda indicación de la necesidad de una revelación especial surge de lo que hemos aprendido sobre la naturaleza de Dios. Su santidad la hemos deducido del hecho de nuestra conciencia. Esta facultad moral, que le atribuimos a Él, nos asegura que Él no está más allá del bien y del mal, sino que se ocupa mucho de ellos. El hecho de que nos sintamos mal cuando violamos la conciencia y nos sintamos bien cuando actuamos de acuerdo con ella nos convence de que el autor de la conciencia está del lado de la santidad. A través de este embajador personal, Él nos sonríe cuando hacemos lo que es correcto, y frunce el ceño cuando transgredimos la ley moral. Sabemos, pues, que Dios es santo.

Pero también hemos aprendido que Dios es misericordioso. Todo lo que ha hecho habla elocuentemente de este atributo. Por supuesto, también hay indicios de ira, pero son la excepción a la regla. Y no alteran la evidencia de su misericordia. ¿Acaso no hace brillar su sol sobre los injustos? Hay mucha más misericordia que juicio en este mundo. Eso lo vemos y lo hemos experimentado.

Lo que no entendemos es cómo pueden ser estas cosas. ¿Cómo puede Dios ser santo y misericordioso al mismo tiempo? Sabemos por la naturaleza *que* es así, pero la naturaleza no nos dice *cómo* puede serlo. La naturaleza revela que la justicia y la misericordia existen, pero nunca explica cómo se besan —cómo se reconcilian en la misma persona santa. Se trata de una cuestión muy aguda y muy existencial. No es una curiosidad ociosa la que nos impulsa a buscar una respuesta, sino la mayor urgencia humana posible, incluso la desesperación. Lo sabemos: si no se concilian estos atributos, la justicia tendrá prioridad. Es evidente que la justicia es necesaria e igualmente evidente que la misericordia no lo es. Por definición, la justicia exige que la balanza esté equilibrada. Por definición, la misericordia no exige nada. La justicia es necesaria; la misericordia es opcional. Si alguien dice que la misericordia también es necesaria, se contradice. Una misericordia necesaria no es misericordia; es justicia. Si alguien puede reclamar misericordia, ya no es misericordia.

Pues bien, sabemos que Dios, siendo santo y

justo, necesariamente seguirá siendo santo y justo. No sabemos si seguirá siendo misericordioso. ¿Dónde nos deja esto? Nos deja temblando. Estamos seguros de que Dios nos pedirá cuentas, pero no sabemos si nos perdonará algo. La naturaleza nos dice lo que Dios está haciendo ahora. Lo que Él hará, ni nos lo dice ni nos lo puede decir. No nos predica que huyamos de la ira venidera, ni que confiemos en la misericordia eterna. Cuando más desesperadamente queremos información, la naturaleza voluble se queda de repente tan silenciosa como la tumba. Prácticamente nos dice, «ya he dicho todo lo que podía decir. Dios mismo debe hablar ahora si quieres saber más».

Una tercera necesidad de mayor revelación surge del testimonio de la naturaleza sobre la ley. La justificación por las obras se revela en la naturaleza. De la conciencia descubrimos que debemos hacer lo que es correcto. Tal comportamiento es aparentemente agradable a nuestro hacedor. Por el contrario, hacer lo que está mal o dejar de hacer lo que está bien, que es lo mismo, desagrada a nuestro Creador. Somos aceptables a Él, por lo tanto, sólo si hacemos lo que es correcto. Las buenas obras son esenciales para estar bien con Dios. Pero ¿qué hay de nuestras malas obras? Está tan claro por naturaleza que nos condenan como que las buenas nos justifican. ¿Qué esperanza hay, pues? Nuestras malas obras vician las buenas. No pueden ser buenas obras si están corrompidas por la presencia de las malas. Sin embargo, si hemos de ser justificados, debe ser por buenas obras, eso está claro. Lo que no está claro, entonces, es cómo vamos a ser justificados. De nuevo, también está claro por la naturaleza que, si no somos justificados, debemos ser condenados; porque las mismas obras que hacen imposible nuestra justificación hacen inevitable nuestra condenación. La naturaleza revela nuestras responsabilidades, pero no tiene nada que decir de los bienes. Nos muestra que estamos condenados, pero no cómo podemos salvarnos.

Lo anterior no es exacta y completamente cierto. En otro sentido, la naturaleza nos dice cómo ser aceptables a Dios. Ciertamente, no dice nada sobre las malas acciones pasadas. Sin embargo, nos dice, «haz esto y vivirás». Está del lado de lo correcto. Es un predicador de la justicia. «Este es el camino, andad por él, es su sermón. Pero un hombre dijo una vez, «estaría dispuesto a que me convirtieran en un reloj si pudiera pensar siempre lo que es verdad y hacer lo que es correcto». ¿Qué hace la naturaleza ante el predicamento del hombre —de una criatura que sabe más de lo que practica y tiene más luz de la que sigue? Está bien que la naturaleza predique la justicia, pero ¿qué puede hacer para poner en práctica la voluntad humana? Ella tiene la forma de las palabras sanas sin el poder de las mismas. La naturaleza dice a la humanidad, «haz esto y vivirás», muy parecido a lo que una persona cruel podría decir a un niño lisiado, «ven a jugar con nosotros», o a un esclavo encadenado, «sé libre». Hay una esclavitud humana que la exhortación, «sé libre», no cambia. La naturaleza puede ser la revelación de la condenación de Dios, pero nadie ha encontrado jamás en ella el poder de Dios para la salvación. No, una vez más la insuficiencia de la naturaleza es espantosa. Justo cuando más la necesitamos, vuelve a caer en el silencio. De acuerdo, decimos, debemos hacer lo que es correcto; pero ¿de dónde, oh de dónde, sacamos la motivación para hacer siempre lo que es correcto? La naturaleza nos convence de que tenemos un corazón de piedra, pero no nos dice cómo podemos conseguir un corazón de carne. Nos muestra que el problema del alma es el único problema, pero no nos explica cómo conseguir un alma nueva. Sabemos por lo que aprendemos de la naturaleza que debemos nacer de nuevo, pero la naturaleza misma sólo puede darnos el primer nacimiento. No puede decirnos dónde conseguir el segundo.

Una cuarta prueba de la necesidad de la revelación especial aparece en el problema de la libertad humana. Hemos aprendido de la naturaleza que hay un «yo» y un «Él». El yo se relaciona de manera distinta, moral y responsablemente con el Él. Por otra parte, el Él es más grande que yo, ya que es autor, sustentador y soberano sobre mí. Es inconcebible que yo sea soberano sobre Él, y evidente que Él es soberano sobre mí. Yo debo hacer su voluntad, no Él la mía. Hasta aquí nos lleva la naturaleza y de repente nos vuelve a dejar. Si Él es soberano, preguntamos a la naturaleza silenciosa, ¿cómo puedo ser libre? Si soy libre, ¿cómo puede ser Él soberano? ¿Es su soberanía una ilusión o es mi libertad? ¿Qué elijo, su soberanía o mi propia libertad? Si elijo su soberanía, que parece evidente, ¿cómo puedo seguir siendo responsable de mis actos? Si elijo mi propia libertad, ¿cómo puede Él seguir siendo soberano? Una vez más, no se trata de una pregunta ociosa, sino que está cargada del mayor momento para el alma humana. Porque si niego que Él es soberano, ¿no niego a aquel que es soberano? Pero si niego que soy libre, ¿no niego también mi ser verdadero y responsable? No me atrevo a negar ni lo uno ni lo otro, pero ¿cómo puedo afirmar ambas cosas? Si es verdad que Dios es soberano y que yo soy al mismo tiempo libre, necesito más revelación que la que da la naturaleza para asegurármelo.

En quinto lugar, la insuficiencia de la revelación natural se manifiesta en su incapacidad para dar respuesta a la cuestión del castigo por las malas acciones. Está claro que habrá castigo, pero la naturaleza no dice cuál será. Si un hombre muere, ¿volverá a vivir? La naturaleza no responde. Si va a ser castigado en el otro mundo, ¿con qué intensidad y durante cuánto tiempo? La naturaleza no responde.

Habrá castigo. Hay suficiente en este mundo, decía Agustín, para mostrar que habrá más en el otro, pero no suficiente aquí para hacer innecesario el castigo en el otro mundo. Shakespeare, el poeta laureado de la raza humana, da testimonio de la inquietud del espíritu en sus famosos versos sobre el miedo del hombre a «abandonar este mundo mortal». A través de la experiencia de Lady Macbeth, nos recuerda que la mancha maldita causada por las malas acciones no puede borrarse. El hombre es un vagabundo en la tierra, que no sabe de dónde viene ni a dónde va con certeza. Sólo sabe que hay un Dios que odia el mal, que él mismo tiene malas acciones en su historial y, lo peor de todo, que el corazón del que proceden es malo. Que este Dios no sólo odia el mal, sino que también lo castiga, lo sabe porque su propia conciencia no tiene paz verdadera, sólo presentimientos. No se atreve a estar solo con sus ominosas advertencias. Debe ahogar sus profecías de perdición. Si huye de su conciencia al mundo exterior, he aquí que Dios está allí. La naturaleza es roja en dientes y garras, y la historia —gran parte de la historia— es la historia del crimen y el castigo. «*Die Geschichte der Welt ist das Gericht der Welt*». Lo que un hombre siembra, eso debe cosechar, no importa dónde o en qué reino haga la siembra.

Luego, en sexto lugar, está la otra cara de esta misma moneda. Si hay castigos, también hay recompensas. Una cosa es tan clara como la otra. Si es verdad que Dios «pagará a cada uno conforme a sus obras: ... a los que son contenciosos y no obedecen a la verdad, sino que obedecen a la injusticia; tribulación y angustia sobre todo ser humano que hace lo malo, el judío primeramente y también el griego» —también es verdad que «a los que, perseverando en bien hacer, buscan gloria y honra e inmortalidad» (Ro 2:6 ss.). Este hombre conoce sin revelación. Pero lo que no sabe aparte de la revelación es, ¿cómo puede haber alguna recompensa para los pecadores? Si escapan a la condenación (y eso no está nada claro en ningún testimonio de la naturaleza), ¿cómo es posible que merezcan recompensa alguna? La única esperanza del hombre es la misericordia, no la justicia. La justicia sólo lo condenará. Sólo la misericordia puede salvar al malhechor. Pero, entonces, si su única esperanza es la misericordia, ¿cómo puede haber recompensas? Si la misericordia es un don inmerecido, ¿cómo puede merecer algo? Sin embargo, habrá castigos y habrá recompensas. La naturaleza lo dice. Pero cómo pueden ser estas cosas, la naturaleza no puede decirlo. Tendremos que buscar la respuesta en otra parte. El distribuidor de recompensas y castigos tendrá que decírnoslo Él mismo. La naturaleza es muda.

Hay muchos otros indicios de la necesidad de

una revelación especial. Confiamos en que se hayan citado suficientes para persuadirnos de que, si se quiere dar respuesta a las grandes cuestiones, Dios mismo debe hablar desde el cielo.

8

La Biblia como Revelación de Dios (I)

(Prueba interna de sus respuestas a las preguntas de la naturaleza)

La Biblia responde a las preguntas que se plantea la naturaleza. Esta parece ser una presunción inicial a favor de que la Biblia es la palabra misma de Dios, a saber, que responde a las preguntas que sólo Dios puede responder. Así pues, antes de considerar directamente su inspiración, observemos cómo habla allí donde la naturaleza calla.

En primer lugar, la naturaleza nos enseña que puede haber y probablemente hay una revelación de Dios. Esto es precisamente lo que la Escritura pretende ser. Encaja perfectamente con la naturaleza. La naturaleza revela a Dios; la Escritura confirma el hecho de que la naturaleza revela a Dios. La naturaleza es una revelación insuficiente; la Escritura confirma el hecho de que la naturaleza es una revelación insuficiente (Ro cap. 1 y 10). La naturaleza apunta a la necesidad de una revelación ulterior; la Escritura confirma el hecho de que la naturaleza apunta a una revelación ulterior (Ro 8:19 ss.). Lo único que no hace la naturaleza, lo hace la Escritura, es decir, se señala a sí misma como el cumplimiento de la naturaleza.

La Biblia afirma su propia inspiración. Más de

tres mil veces lo afirma. La Biblia podría pretender ser revelación sin serlo, pero desde luego no podría serlo sin pretenderlo. Si bien la afirmación puede no ser un argumento a su favor, la ausencia de una afirmación sería sin duda un argumento en su contra.

En segundo lugar, la Biblia armoniza la justicia y la misericordia de Dios. La naturaleza da a entender que Dios es justo y misericordioso, pero no explica cómo puede ser así. La Escritura da la explicación además de la afirmación.

Afirma claramente que Dios posee cada uno de estos atributos de manera perfecta y en medida infinita. Dios, enseña, es perfectamente santo (Ex 15:11; Sal 30:4; Ro 1:4). Es tan santo que incluso los querubines santos cubren sus rostros en su presencia, y los ángeles no son castos a su vista (Is 6:1 ss.). Él tiene ojos más puros que para contemplar la iniquidad (Hab 1:13), y sin santidad nadie podrá verlo (Heb 12:14). Sólo los limpios de corazón verán a Dios (Mt 5:8). Su santidad, además, es inmutable. «El Juez de toda la tierra, ¿no ha de hacer lo que es justo?» (Gn 18:25). Esto para la Escritura es una pregunta retórica. Es impensable que Dios pueda obrar mal (Ro 3:4).

Al mismo tiempo, su misericordia es eterna (Jer 33:11). Es su prerrogativa tener misericordia, y Él tendrá misericordia de quien Él quiera tener misericordia (Ro 9:15, 18).

Así, la Biblia revela a Dios como tan santo que parecería imposible que fuera misericordioso, tan misericordioso que parecería imposible que fuera santo. Hasta aquí llega la Escritura con la naturaleza, aunque mucho más profundamente de lo que la naturaleza era capaz de sondear. Ahora bien, en el mismo punto en que la naturaleza calla, la Escritura habla con la mayor elocuencia. Presenta un plan de salvación en el que la justicia y la misericordia están perfectamente armonizadas —en el que se besan mutuamente. Sin menoscabar en lo más mínimo la justicia de Dios por la glorificación de su misericordia, ni menoscabar en lo más mínimo la misericordia de Dios por la glorificación de su justicia, la Biblia muestra que Dios es justo al mismo tiempo que es el justificador de los impíos. «a quien Dios puso como propiciación por medio de la fe en su sangre, para manifestar su justicia, a causa de haber pasado por alto, en su paciencia, los pecados pasados, con la mira de manifestar en este tiempo su justicia, a fin de que él sea el justo, y el que justifica al que es de la fe de Jesús» (Ro 3:25,26).

Pablo nos enseña aquí la satisfacción de la santidad de Dios que fue hecha por Cristo. Se refiere, en el contexto, al problema planteado por el perdón de los santos del Antiguo Testamento cuando no existía ninguna base para el perdón. Tal perdón podría parecer que pone en peligro la inexorabilidad de la justicia divina. ¿Por qué iba Dios a perdonar a los pecadores como si nunca hubieran pecado? ¿Ha cambiado su implacable y esencial odio al mal? ¿No puede ciertamente ignorar las transgresiones de los hombres? ¿Puede haber cambiado tanto como para amar la iniquidad, o al menos ser indiferente a ella? ¿Qué ha sido de su justicia en esta situación? Pablo está explicando aquí que Cristo fue la base para el perdón de los pecadores en el pasado. Fue con respecto a la satisfacción que Cristo iba a hacer que Dios los reconcilió. Pero como ese sacrificio no era entonces un hecho, aparecía en la superficie como si

Dios estuviera procediendo de una manera injusta. Ahora que en la plenitud de los tiempos ha presentado a Jesús como propiciación, ha declarado en ello su justicia al remitir los pecados de los días pasados. Así, porque Cristo satisfizo la ultrajada santidad y majestad de Dios y la propició con su sacrificio perfecto, Dios está en posición de perdonar sin relajar en modo alguno las exigencias de su justicia. Él permanece perfectamente justo mientras justifica a los impíos —en Cristo, quien ha quitado su culpa de ellos. Esta es la doctrina cristiana de la satisfacción, la única teología que el mundo ha conocido que ha honrado la inexorable santidad de Dios junto con su infinita misericordia. La justicia y la misericordia se han besado mutuamente.

Además, la Escritura confirma y explica la doctrina natural de la justificación por las obras, pero de tal manera que «el que no obra» puede ser justificado. Esta es una sabiduría tan maravillosa que incluso los ángeles están representados como asombrados por su revelación (Ef 3:10: «para que la multiforme sabiduría de Dios sea ahora dada a conocer por medio de la iglesia a los principados y potestades en los lugares celestiales»). Jesucristo cumplió una justicia para su pueblo. Él, que no conoció pecado, se hizo pecado para que nosotros llegáramos a ser la justicia de Dios en Él (2Co 5:21). Él mismo fue justificado en el Espíritu, pero no sólo por Él. Él «fue entregado por nuestras transgresiones, y resucitado para nuestra justificación» (Ro 4:25).

Al mismo tiempo, esta justificación no es una ficción jurídica. No se trata de declarar justo lo que en realidad no lo es. No es una justicia inventada, sino real. Lo que se declara, se declara porque es así.

Cristo se identifica con du pueblo en una unión tan íntima que todo lo que le sucede a Él les sucede a ellos. Todos sus actos son los actos, no de una persona privada, sino de una persona pública. «En Cristo todos serán vivificados» (1Co 15:22). Él es la cabeza y ellos son los miembros del mismo cuerpo; lo que pertenece a la cabeza pertenece al cuerpo, y lo que pertenece al cuerpo pertenece a la cabeza.

Observamos que la naturaleza señalaba la necesidad de una vida moral, pero no suministraba ningún poder para ello. Lo mismo ocurre con casi todas las religiones que tienen alguna forma de piedad, pero carecen de su poder. El cristianismo es en sí mismo una religión moral. De hecho, es más exigente en sus demandas éticas que cualquier otra religión. Cristo insiste en que, si alguien quiere entrar en el reino de los cielos, su justicia debe superar la de los escribas y fariseos (Mt 5:20), que era la justicia de la mayoría de los éticos. Su ética no era errónea en sí misma, pero no era tan exigente como la de Cristo. Por ejemplo, Jesús enseña: «Pero yo os digo que cualquiera que se enoje contra su hermano, será culpable de juicio; y cualquiera que diga: Necio, a su hermano, será culpable ante el concilio; y cualquiera que le diga: Fatuo, quedará expuesto al infierno de fuego» (Mt 5:21,22). Con esto está corrigiendo la moralidad imperante en su época, que enseñaba que si los hombres se detenían ante el asesinato no habían violado el sexto mandamiento. Cristo, por medio de sus tres ejemplos específicos, ninguno de los cuales se sale del área del corazón y la disposición, enseña que en cada caso el ofensor es culpable de asesinato y corre peligro de ser castigado. Y Cristo hace lo mismo con los otros mandamientos; por ejemplo, el séptimo, que él muestra que es violado sólo por la lujuria, aunque nunca desemboque en un acto manifiesto de adulterio (Mt 5:28).

Sin embargo, la gloria del cristianismo no se encuentra principalmente en su código de conducta mucho más exigente. En esto sólo difiere en grado de la naturaleza y de otras religiones. La absoluta singularidad del cristianismo radica en el hecho de que da el poder de hacer que su moralidad más exigente esté al alcance de los logros humanos. Si no fuera así, seguiría siendo sólo un consejo de perfección erguido sobre un gran pedestal de excelencia moral; nunca se habría convertido en la fe que ha transformado la vida de millones de personas y las ha encaminado hacia la gloriosa meta de la vida.

Cristo indicó que daría lo que había ordenado, que si lo que exigía de sus discípulos estaba más allá de su poder, no estaba más allá de su poder. Y Él y su Espíritu estaban disponibles para ellos. «Yo soy la vid, vosotros los pámpanos; el que permanece en mí, y yo en él, este lleva mucho fruto; porque separados de mí nada podéis hacer ...Si permanecéis en mí, y mis palabras permanecen en vosotros, pedid todo lo que queréis, y os será hecho» (Jn 15:5,7). Pablo, dando testimonio de la verdad de esta gran promesa en su propia experiencia, dijo más tarde: «Con Cristo estoy juntamente crucificado, y ya no vivo yo, mas vive Cristo en mí; y lo que ahora vivo en la carne, lo vivo en la fe del Hijo de Dios, el cual me amó y se entregó a sí mismo por mí.» (Gal 2:20). Aunque «en mi carne no mora el bien» (Ro 7:18), «todo lo puedo en Cristo que me fortalece» (Fil 4:13). «Lo que era imposible para la ley, por cuanto era débil por la carne, Dios, enviando a su Hijo en semejanza de carne de pecado y a causa del pecado, condenó al pecado en la carne; para que la justicia de la ley se cumpliese en nosotros, que no andamos conforme a la carne, sino conforme al Espíritu» (Ro 8:3,4). Pablo está diciendo que la ley, o código moral, es impotente, porque la naturaleza del hombre a la que se dirige no está dispuesta a la obediencia. Pero cuando el Espíritu de Cristo entra en el alma, da al hombre un principio de acción enteramente nuevo que le hace estar dispuesto a todo lo que es bueno y santo y, al mismo tiempo, le capacita para hacer aquello a lo que está dispuesto. Por supuesto, el cristianismo enseña que los restos de la corrupción humana están en el corazón del cristiano y, por lo tanto, no siempre, y en grado perfecto, obra la gracia de Dios que está en él. Pero en cierta medida lo hace, y con el tiempo lo hará perfectamente. Así, la expiación de Cristo se convierte en la doble cura, la limpieza de la culpa y el poder del pecado, como dice el himno familiar. Samuel Craig en su *Christianity Rightly So Called* (1946) ha observado muy bien que el cristianismo ve al pecador como un criminal que está condenado a la pena capital y al mismo tiempo está muriendo de una enfermedad mortal. Para una persona en esta doble dificultad, deben hacerse dos cosas. Si el gobernador concediera el indulto, no serviría de nada, pues el hombre moriría de su enfermedad. Por otro lado, si un médico le curara, no serviría de nada, pues moriría a manos del estado. Se le debe dar un perdón y una cura al mismo tiempo. Esto es lo que hace el cristianismo por el pecador corrupto y condenado. La naturaleza podía mostrar que había que hacerlo, pero de ningún modo podía hacerlo.

La contribución de la Biblia al problema de la libertad-soberanía es muy diferente de su contribución al problema de la justicia-misericordia. Este último lo resuelve realmente. Pero no resuelve el primero. Simplemente demuestra que tanto la libertad como la soberanía son verdaderas, aportando pruebas irrefutables a favor de cada una de ellas. Cuando vinimos del aula de la naturaleza, comprendimos que ella enseñaba que cada una de estas verdades aparentemente en conflicto es así, pero nos preguntamos si tal doctrina podría ser aceptada. El hecho de que no pudiéramos comprenderlas plenamente no era un argumento en su contra —eso lo sabíamos, pues nuestra incapacidad para comprenderlas plenamente era característica de muchas cosas que, sin embargo, sabíamos que eran ciertas. Sin embargo, este antimonio era tan práctico y vital que dudábamos en aceptarlo basándonos únicamente en la palabra de la naturaleza. La Biblia confirma la enseñanza de la naturaleza y, por su revelación mucho más completa de Dios y del hombre, muestra que cada verdad es cierta para cada persona. Dios es soberano y el hombre es libre.

La Palabra de Dios hace muchas declaraciones sobre la soberanía de Dios. Él cumple su voluntad en toda la tierra (Ef 1:9). ¿Quién es éste, se pregunta el profeta, que dice que algo sucede y «el Señor no lo manda»? (Lm 3:37) En cierto sentido, Dios es el ordenador del mal tanto como del bien, y hace a los malvados para el día del mal (Is 45:7, Pr 16:4). Él conoce todas las cosas desde el principio, y ni un gorrión cae en tierra sin que Él lo sepa (Hch 15:18, Mt 10:29). Él controla el destino de los hombres y de las naciones (Pr 8:15).

Al mismo tiempo, el hombre es absolutamente libre y completamente responsable de todos sus actos. Las ofensas deben venir, dice Cristo, pero ¡ay de aquel hombre por quien viene la ofensa! La muerte de Cristo estaba predestinada desde el principio, pero al mismo tiempo los que le crucificaron eran culpables de su muerte (Hch 2:23). Del mismo modo, Juan el Bautista era el Elías que había sido predicho, y cuando vino, los hombres hicieron con él «todo lo que quisieron, como está escrito de él» (Mc 9:13)

La Biblia, por tanto, deja esta inequívoca inferencia: Dios cumple su voluntad hasta el último detalle, pero al mismo tiempo lo hace sin violar en lo más mínimo la voluntad de ninguna criatura. Cómo puede ser esto, la Biblia no nos lo dice, probablemente porque no podríamos entenderlo si lo hiciera. Pero estamos seguros de que es así. Así que seguimos nuestro camino seguros de que el Dios del cielo y de la tierra es realmente el gran soberano que nos han hecho creer que es, pero al mismo tiempo lo hacemos con la plena seguridad de que somos los agentes morales libres que siempre hemos sabido que somos.

Una vez más, la naturaleza revela que ahora hay, y probablemente habrá, castigo, pero no sabe cuándo, dónde o cómo será. La Biblia confirma la naturaleza y responde a las preguntas que ella plantea. «La paga del pecado es muerte» (Ro 6:23). Esta expresión, puesta en antítesis con la vida eterna, significa muerte eterna. El castigo comienza inmediatamente con la muerte (Heb 9:27) y continúa durante el estado intermedio previo a la resurrección, período durante el cual las almas de los malvados, aunque incorpóreas, son exquisitamente miserables

(Lc 16:19 ss.) Este juicio es privado, individual y espiritual. El «día del juicio» o juicio final seguirá a la resurrección; será público y desembocará en la condenación de los demonios y de los hombres (Mt 25:31 ss.). La miseria de los hombres bajo el juicio divino estará más allá del poder de la mente para concebir o del cuerpo para soportar (Sal 90:11). Será un castigo en cuerpo y alma (Mt 10:28) sin mitigación (Mt 5:26). Aunque perfectamente terrible en todos los casos, será aún más terrible en proporción al número y gravedad de los pecados cometidos en esta vida (Mt 5:22). Será sin cesar, para siempre (Mc 9:44 s.). Si los hombres en esta vida viven bajo el temor constante de la muerte (Heb 2:15), la Biblia confirma con creces ese temor. La mitad no ha sido contada por la naturaleza. «Todo esto», dice la Biblia al hombre pecador, «y también el infierno».

Con respecto al problema de las recompensas en una teología de la misericordia, la Biblia da la respuesta. Enfatiza en todo momento que «al que no obra, sino cree en aquel que justifica al impío, su fe le es contada por justicia» (Ro 4:5). La salvación es por fe para que sea por gracia (Ro 4:16). El publicano, que no podía reclamar nada, sino que se limitó a confiar en la pura misericordia de Dios, bajó a su casa «justificado» (Lc 18:9 ss.). Al mismo tiempo, la Biblia habla a menudo de «recompensas» (Mt 5:12; Lc 6:23; Col 2:18). Sin embargo, son recompensas de la gracia, no del mérito. Son dones de gracia tanto como lo es la gracia justificadora. No hay mérito en nada de lo que haga el hombre, dice el Evangelio (Lc 17:10). Jesús cuenta la parábola de un hombre cuyo siervo, después de haber trabajado en el campo, entró en casa y siguió sirviendo al amo. «¿Quién de vosotros, teniendo un siervo que ara o apacienta ganado, al volver él del campo, luego le dice: pasa, siéntate a la mesa? ¿No le dice más bien: Prepárame la cena, cíñete, y sírveme hasta que haya comido y bebido; y después de esto, come y bebe tú? ¿Acaso da gracias al siervo porque hizo lo que se le había mandado? Pienso que no.» (Lc 17:7-9). El punto de Cristo era bastante claro para los fariseos santurrones. Nada de lo que alguien hace merece agradecimiento. Todo lo que los hombres hacen en obediencia a Dios es meramente su deber. La obediencia perfecta es un deber mínimo. El mérito queda totalmente excluido. Por otra parte, Cristo enseñó que incluso un vaso de agua fría, dado en su nombre, no perdería su «recompensa» (Mc 9:41). En otras palabras, Cristo está dispuesto a reconocer graciosamente las cosas más pequeñas que su pueblo haga por afecto a Él, aunque lo máximo que hagan no merezca nada. Si fueran perfectos no merecerían nada, pero, aunque sean imperfectos, recibirán un reconocimiento lleno de gracia. De este modo, la Biblia combina coherentemente dos concepciones que, a primera vista, parecen totalmente incompatibles.

Ya hemos señalado que la Biblia afirma ser la Palabra de Dios. Las respuestas que da, y sólo ella, a las grandes preguntas que la naturaleza deja sin respuesta, tienden a sugerir que los dos libros tienen el mismo autor. O tal vez deberíamos pensar en un libro de texto, cuya primera parte expone los problemas y la segunda, las soluciones. El primer libro estaría incompleto sin el segundo, y el segundo no podría apreciarse sin el primero. Juntos constituyen un libro de Dios en dos partes: la revelación natural y la especial.

Así pues, hay una maravillosa unidad entre la naturaleza y la revelación en el único libro de Dios. Pero la revelación misma revela una notable unidad interna. Si es cierto que el mundo creado es un cosmos o conjunto ordenado o universo, no es menos evidente que la Biblia es un solo libro. Tiene sesenta y seis libros, pero es un solo libro.

Esto es más notable que la unidad del libro de la naturaleza. Pues cuando Dios escribió el libro de la naturaleza, lo hizo Él solo. Dijo: «Hágase», y «se hizo». Pero cuando escribió el libro de las Escrituras, no lo hizo solo. Utilizó instrumentos humanos. Y no un hombre, sino unos cuarenta hombres a lo largo de muchos siglos.

Los hombres que utilizó eran hombres vivos, pensantes y sensibles. Si los hubiera puesto en trance o los hubiera dejado inconscientes o simplemente los hubiera dominado, Su Palabra habría sido igualmente infalible, pero ni tan interesante ni tan notable.

9

La Biblia como Revelación de Dios (II)

(Prueba externa de la autoridad de Cristo)

Hasta aquí hemos encontrado razones para creer que el fondo del universo, incluyéndonos a nosotros mismos, es una persona increada, independiente, ilimitada, eterna, sabia, santa y consciente de sí misma. Sólo ha habido un ser humano que se atrevió a decir, «el que me ha visto a mí, ha visto al Padre». Puesto que Él hizo tal afirmación y puesto que millones de personas creen en esa afirmación, Él tiene derecho a alguna consideración por nuestra parte. Abordaremos el tema de Cristo de la forma menos comprometida posible. No tendremos prejuicios ni a favor ni en contra, sino que simplemente lo consideraremos y seguiremos a donde parezca conducirnos.

Tuve un profesor muy interesante en la Universidad de Harvard que solía intentar introducir a Cristo en sus clases. En su asistencia, además de los hombres de la escuela de divinidades, había un número de estudiantes universitarios regulares que a menudo ignoraban totalmente a Cristo. Este hecho, lejos de consternar al profesor, más bien le complacía, pues de estos estudiantes solía gustarle obtener lo que él llamaba «la reacción de la virgen» ante Jesús. Los estudiantes de teología, que ya conocían a Jesús, sólo podían permitirse la filosofía de la segunda mirada. Pero el Dr. H. J. Cadbury, que había estudiado los textos cientos de veces, siempre podía aprender algo de los que daban la respuesta fresca del recién introducido. Intentemos ponernos en la posición de estos estudiantes y tratemos de experimentar la respuesta inicial a Jesucristo.

Cuando leemos los relatos de Jesús, instintivamente reconocemos aquí al hombre perfecto. Mateo describe a Aquel a quien vemos como el judío ideal; Marcos, el romano ideal; Juan, el Hijo de Dios ideal; y Lucas, el ideal universal que es el ideal del hombre y también el de Dios. Y todo hombre que se acerca a Cristo parece sentir lo mismo —Él es el ideal de ese hombre. Para el artista, Él es la belleza total. Para el educador, Él es el maestro. Para el filósofo, Él es la sabiduría de Dios. Para el solitario, es un hermano; para el triste, un consolador; para el afligido, la resurrección y la vida. Y para el pecador es el Cordero de Dios que quita el pecado del mundo.

«Nadie», dice Watson, «ha descubierto todavía la palabra que Jesús debería haber dicho, nadie ha sugerido la mejor palabra que podría haber dicho. Ninguna de sus acciones ha conmocionado nuestro sentido moral. Ninguna ha estado por debajo del ideal. Está lleno de sorpresas, pero todas son sorpresas de perfección. Nunca te asombras un día de su grandeza y al siguiente de su pequeñez. Te sorprende que sea incomparablemente mejor de lo que esperabas. Es tierno sin ser débil, fuerte sin ser tosco, santo sin ser servil. Tiene convicción sin intolerancia, entusiasmo sin fanatismo, santidad sin fariseísmo, pasión sin prejuicios. Sólo este hombre nunca dio un paso en falso, nunca dio una nota discordante. Sólo su vida se movió en esos altos niveles en los que se trascienden las limitaciones locales y prevalece la Ley absoluta de la Belleza Moral. Era la vida en su máxima expresión».

La reacción de la Virgen y todas las reacciones posteriores del mundo ante Jesucristo es, pues, que Él es el ideal, el hombre perfecto, el parangón moral de la raza. No quiero pasar por alto el hecho de que no todo el mundo ha estado de acuerdo con este veredicto. Sé que George Bernard Shaw habló de una época de la vida de Cristo en la que, como él dijo, Cristo no era cristiano. Sé que algunos han pensado que Sócrates murió más noblemente que Jesús; que otros creen que fue moralmente superado. Pero el testimonio abrumador del mundo es la perfección, la incomparable perfección, de Jesús de Nazaret. Se podría demostrar fácilmente que las pocas excepciones se basan en conceptos fundamentales erróneos de ciertas cosas que Jesús dijo o hizo; y, además, la gran mayoría de los que hacen excepciones suelen pensar que algún defecto imaginado es un fallo de Cristo para ser, como dijo George Bernard Shaw, ¡un cristiano! Parece que no conocen un estándar más alto para probar a Cristo que el estándar de Cristo mismo.

Pero ahora nos encontramos en una situación extraordinaria. Si admitimos, como hace el mundo, que Cristo es el hombre perfecto, entonces debemos admitir que también es Dios. ¿Por qué, preguntarán ustedes, si reconocemos que Cristo es el hombre perfecto, debemos entonces reconocer que también es Dios? ¿No hay una gran diferencia entre el hombre y Dios, incluso entre el hombre perfecto y Dios? ¿Por qué la admisión de uno requiere la admisión del otro? ¿Por qué el hombre perfecto debe ser Dios?

Porque el hombre perfecto dice que es Dios. Y si no es Dios, entonces tampoco puede ser un hombre perfecto. Despreciamos al Padre Divino como hombre por pretender ser Dios, lo cual sabemos que no es. Si Jesucristo no es Dios, debemos despreciarlo también, porque Él afirma mucho más claramente que el Padre Divino que Él es Dios. Debemos, por lo tanto, o adorar a Cristo como Dios o despreciarlo o compadecerlo como hombre.

Un momento, dirá usted, ¿qué prueba tenemos de que Jesucristo haya afirmado alguna vez ser Dios? Mi respuesta es que tenemos pruebas abrumadoras de que tenía esa elevada opinión de sí mismo. Esto, por ejemplo, es lo que dice de sí mismo:

«Yo y el Padre somos uno»;

«Nadie viene al Padre sino por mí»;

«El que me ha visto a mí, ha visto al Padre»;

«Antes que Abraham existiera yo soy»;

«¿Eres tú el Hijo de Dios?», preguntó el sumo sacerdote; «Tú lo has dicho», fue la respuesta de Cristo;

«Bautizándolos», ordenó, «en el nombre del Padre, del Hijo y del Espíritu Santo»;

«¿Quién decís que soy yo?», preguntó a sus discípulos. «Tú eres el Cristo, el hijo de Dios viviente», respondió Pedro.

«Bienaventurado eres Simón Bar-jona, porque no te lo reveló carne ni sangre, sino mi Padre que está en los cielos», dijo.

Bien, diréis, ¿no es ésta una manera característica de hablar de los maestros religiosos, de hacer estas declaraciones grandiosas? Es cierto que Bronson Alcott le dijo una vez a un amigo, «Hoy siento que podría decir, como lo hizo Cristo: Yo y el Padre somos uno». «Sí», respondió el otro, «pero la diferencia es ésta, Cristo consiguió que el mundo le creyera». Sin duda, cierto hombre, primero de Brooklyn, luego de Harlem, ahora de Filadelfia, acepta honores y culto divinos; pero fuera de su pequeña clientela es el hazmerreír del mundo.

Es significativo que ningún líder religioso reconocido en la historia del mundo haya afirmado jamás ser Dios, excepto Jesús. Moisés no lo hizo. Pablo se horrorizaba cuando la gente intentaba adorarle. Mahoma insistía en que no era más que un profeta de Alá. Buda ni siquiera creía en la existencia de un Dios personal, y Confucio era escéptico. Zoroastro era un adorador, pero no era adorado. Repetimos — de los líderes religiosos reconocidos de todos los tiempos, Jesús de Nazaret, y sólo Jesús de Nazaret, afirmó ser Dios eterno.

No se trata simplemente de que Jesús afirmara definitivamente su deidad en varias ocasiones; lo que quizá sea aún más revelador es que siempre la asumió. El Sermón de la Montaña, por ejemplo, se considera una instrucción predominantemente moral. Aquí no hay teología pesada, dicen. Cristo nos dice lo que debemos hacer, no lo que debemos creer sobre Él. Tal vez no directamente, pero indirectamente dice mucho sobre sí mismo y hace una impresionante afirmación incidental de su divinidad.

Observe estos seis indicios distintos de su ser sobrenatural en este sermón sobre la moral cristiana (Mt 5-7). Primero, declara con autoridad absoluta quién heredará y quién no heredará el reino de Dios (las Bienaventuranzas). Si yo, por ejemplo, dijera algo así por mi propia autoridad, ustedes sonreirían con lástima o fruncirían el ceño. Dijo, en segundo lugar, que los profetas, que sufrieron y murieron siglos antes, fueron perseguidos «por mi causa». Supongamos que yo dijera que Martín Lutero sufrió por mi causa, ¿qué pensaríais de mí? En tercer lugar, «pero yo os digo» es el estribillo constante a lo largo de este sermón con el que asume su derecho a hablar con la autoridad de la palabra de Dios que está comentando. Cuarto, dice que en el juicio final algunos le dirán, «Señor, Señor», pero Él les dirá, «Apártate de mí; nunca te conocí». Quinto, el sermón concluye con la parábola de las dos casas, una construida sobre arena y la otra sobre roca, una para caer y la otra para permanecer. ¿Y cuál es esta roca? Su enseñanza. Finalmente, el pueblo mismo, percibió la suprema dignidad de este maestro, pues dijo, «Hablaba como quien tiene autoridad, y no como los escribas».

¿Qué pensaban de Él los contemporáneos de Jesús? Algunos, sin duda, decían que estaba poseído por un demonio. ¿Pero los demás? «He aquí el hombre», dijo Pilato. «Ciertamente éste era hijo de Dios», dijo el centurión que lo vio morir. «Jamás hombre alguno habló así», dijo el pueblo. «He aquí el Cordero de Dios», fue el testimonio de Juan el Bautista, a quien todos los hombres reconocieron como profeta. «Señor mío y Dios mío», dijo Tomás, que dudaba. Los discípulos estaban cerca de Cesarea de Filipo —una ciudad construida en honor del César, que reclamaba honores divinos, no lejos de la gruta de Pan, a quien muchos adoraban como dios de la naturaleza— cuando Jesús les preguntó quién creían que era. «Tú eres el Cristo», declaró Pedro, «el hijo de Dios vivo». Juan dijo de Él, «Vimos su gloria, gloria como del unigénito, lleno de gracia y de verdad». Y Pablo lo adoró con una variedad abundantísima de expresiones como su gran Dios y Salvador Jesucristo. Por ejemplo, la única expresión «inescrutables riquezas de Cristo» aparece trece veces en sus epístolas. ¿Qué quiere decir Pablo con las «inescrutables riquezas de Cristo»? Es imposible dar a la expresión un significado suficiente para hacer justicia al sentimiento del Apóstol. Rendell Harris, tratando de traducir esta expresión en Efesios 3:8, levantó las manos desesperado y exclamó, «¡Las riquezas inexplorables de Cristo!».

Somos plenamente conscientes de que atribuir la divinidad a cualquier hombre es una afirmación colosal. Roza lo increíble, lo imposible. Pero cuando consideramos la impresión de su perfecta humanidad, las grandes reivindicaciones que hizo de sí mismo de la manera más humilde posible, la adoración y el culto sin límites de quienes le conocieron, los milagros asociados con aquel cuya vida fue un «resplandor de milagro», y los milagros de gracia constantemente recurrentes que han acompañado el anuncio de su nombre por todo el mundo, protestamos que por difícil que sea creer que un hombre era también Dios, es imposible negarlo de Cristo. Si es difícil creer, es imposible dudar.

Algunas cosas relativas a Cristo que nos hemos limitado a mencionar en este estudio general, las consideraremos más particularmente en los capítulos siguientes. Los milagros que realizó, las profecías que cumplió, la influencia que ejerció sobre los individuos y las instituciones, y el hecho de la experiencia cristiana, recibirán una mirada más atenta.

El lector puede preguntarse, «¿Qué relación tiene todo esto con la inspiración de la Biblia? Admitido que Cristo es el Hijo de Dios, ¿qué nos dice eso sobre la Palabra de Dios, o cómo prueba que la Biblia es la Palabra de Dios?». A primera vista puede parecer que nos hemos desviado de nuestro tema. Sin embargo, no es así. En realidad, la deidad de Cristo es el más fuerte de todos los argumentos a favor de la inspiración de la Biblia, simplemente porque este Cristo certifica que la Biblia es inspirada, y si Él es el Hijo de Dios es incapaz de equivocarse. Los hombres pueden equivocarse; Dios no. Si Dios dice que la Biblia es su Palabra, debe ser así. No puede haber evidencia más fuerte. Este hecho es infinitamente superior a cualquier otra consideración.

«Pero espere», dice todo observador agudo, «esto es un razonamiento circular del tipo más obvio». Y admitimos que, a primera vista, nuestro razonamiento parece expuesto precisamente a esta crítica, que, si es válida, echa por tierra todo el argumento. Si la crítica se mantiene, el razonamiento debe caer, y lo que parecía ser un argumento de fuerza infinita en realidad no tendrá ninguna fuerza.

Sin embargo, si miramos de nuevo, tal vez veamos que no hay circularidad en el razonamiento. No estamos argumentando de la autoridad de la Biblia a la autoridad de Cristo y de ahí a la autoridad de la Biblia. Si lo hiciéramos, estaríamos en un círculo vicioso e inútil. No planteamos la cuestión comenzando con la suposición de que la Biblia es inspirada, procedemos a demostrar a partir de ahí que Cristo es divino, y luego regresamos fortalecidos por Su autoridad para demostrar que la Biblia es inspirada. Más bien, comenzamos con la Biblia sin asumir su inspiración. Este es precisamente el punto en cuestión, y no lo suplicamos desde el principio. Partimos de la Biblia, no como inspirada, sino simplemente como un documento fidedigno desde el punto de vista histórico.

Tampoco hay razón alguna para disculparse por asumir la fiabilidad básica de los registros del Nuevo Testamento. Hubo un tiempo en que se pusieron en tela de juicio, pero ese tiempo ya pasó. La Biblia ha sido el libro más estudiado del mundo, el Nuevo Testamento ha sido más estudiado que el Antiguo, y los tres relatos puramente históricos de la vida de Jesús (Mateo, Marcos y Lucas) han recibido más atención que cualquier otra parte del Nuevo Testamento. Así que podemos decir que la vida histórica de Jesús ha sido el tema individual más estudiado en la historia de la investigación. De la gran cantidad de estudios críticos realizados por eruditos conservadores, liberales y radicales, ha surgido un consenso abrumador de que los registros sinópticos nos ofrecen la historia antigua más auténtica que existe en el mundo. Esta es la opinión, no sólo de los que adoran al Cristo del que dan testimonio estos registros, sino también el testimonio de los que no lo adoran. Pueden cuestionar si Jesús es realmente el Hijo de Dios (y libros como éste se escriben con el propósito de discutir esa cuestión), pero no dejan ninguna duda de que tenemos un relato esencialmente exacto de su vida en la tierra. Para nuestros fines, eso es todo lo que necesitamos. Nos da una base histórica segura en la que apoyar nuestra discusión. Sabemos que existió una persona como Jesús y que dijo e hizo esencialmente las cosas que se le atribuyen. Nuestra pregunta entonces es, «¿Quién era Él, y podemos creer en Él?». En las páginas precedentes hemos intentado demostrar que, partiendo del Jesús histórico, somos conducidos inequívocamente al Jesús divino.

Sólo queda por demostrar que Cristo sí enseñó que la Biblia era la Palabra inspirada de Dios. Nos dice que la ley de Dios es tan sagrada que ni una jota ni una tilde deja de serlo. «Porque de cierto os digo que hasta que pasen el cielo y la tierra, ni una jota ni una tilde pasará de la ley, hasta que todo se haya cumplido» (Mt 5:18). Esta palabra no puede ser quebrantada (Jn 10:35); al contrario, todo lo que está escrito debe cumplirse (Mt 26:24). Cristo tuvo sus disputas con los fariseos sobre la interpretación de la Escritura, pero no sobre su condición de inspirada. «Escrito está», como signo de la palabra infalible, era una fórmula tanto para Él como para ellos. De hecho, cuando entraba en controversia con ellos, hacía descansar su argumento en una sola palabra del texto sagrado (Jn 10:34). Las pruebas de que Cristo consideraba inspirada la Escritura del Antiguo Testamento son tan abundantes que rara vez son rebatidas hoy en día, incluso por quienes no aceptan esta inspiración, sino que piensan que Jesús se equivocó, víctima de los «errores» de su época.

Pero ¿qué hay del Nuevo Testamento? La Biblia de Cristo era el Antiguo Testamento, no el Nuevo. ¿Hay alguna base en las enseñanzas de Jesús para suponer que le dio su imprimátur? Es cierto que las pruebas son más inferenciales y menos explícitas que su testimonio sobre el Antiguo Testamento.

En primer lugar, está la consideración de la probabilidad. ¿Es probable que Dios haya inspirado el Antiguo Testamento, que era meramente preparatorio para la venida de Jesús, y luego haya dejado su propia vida y la exposición de su significado a hombres no inspirados? No es propio de Dios hacer la segunda dispensación más pobre que la primera. Además, si necesitamos la preparación de los muchos libros del Antiguo Testamento para apreciar a Cristo, sin duda necesitamos una exposición autorizada de la gran vida para la que nos preparan. Si no tuviéramos ningún otro argumento a favor de la inspiración de una continuación del Antiguo Testamento, esto parecería justificar nuestra convicción de que debe haber una.

Pero además del argumento inferencial que acabamos de mencionar, tenemos la declaración explícita del propio Jesús de que guiaría a sus discípulos a toda la verdad, incluyendo, presumiblemente, las muchas cosas que deseaba decirles y que en aquel momento no eran capaces de soportar (Jn 14:26; 15:26; 16:12,13). Así que sabemos que Jesús dio a entender que habría más revelación, ya que Él mismo no era capaz de completar lo que había comenzado.

La pregunta sigue siendo, ¿cómo sabemos que el Nuevo Testamento es la respuesta a esa insinuación? Lo sabemos porque el Nuevo Testamento fue escrito por los mensajeros auténticos de Cristo, es decir, los apóstoles. Ellos fueron enviados por Cristo y se les dieron sus mismos poderes sobre las enfermedades y los demonios. Puesto que afirman haber sido enviados y autorizados por Cristo y haber recibido sus revelaciones (Mc 3:14 ss.; 6:7 ss.; Lc 9:1 ss.; Hch 1:3,15 ss.; 2:1 ss.; 9:1 ss.; 2Co 12:1 ss.; Gal 1:12 *passim*), se les debe creer si se ha de creer a Cristo.

Así que la pregunta que queda es, ¿está claro que los apóstoles escribieron el Nuevo Testamento? Sí, todo el Nuevo Testamento fue escrito por apóstoles u hombres sancionados apostólicamente (Marcos lleva el aval de Pedro, y Lucas, el de Pablo).

Podemos decir, por lo tanto, que el Nuevo Testamento fue escrito por los representantes autorizados y sobrenaturalmente dotados de Cristo o sus designados. Y, en consecuencia, lleva el mismo imprimatur que el Antiguo Testamento: Jesucristo.

Resumamos la cuestión diciendo que toda la Biblia lleva la certificación del Hijo de Dios, que conlleva una autoridad infalible. Así pues, la Palabra de Dios escrita tiene el sello de la Palabra de Dios viva.

10

Los Milagros de la Biblia (I)

Con respecto a los milagros hay que plantearse dos cuestiones importantes. En primer lugar, ¿cuál es la evidencia de los milagros? y, en segundo lugar, ¿cuál es su valor probatorio? Para que los milagros sirvan de argumento, primero debe haber pruebas claras de que realmente ocurren.

Antes de pasar a considerar las pruebas de los milagros, preguntémonos si pueden existir tales pruebas. Esta es una pregunta bastante absurda, lo admitimos, pero debemos considerarla. Muchas personas nunca se enfrentan a la pregunta porque descartan la posibilidad de milagros antes de considerar cualquier evidencia real de ellos. Uno de los eruditos bíblicos más destacados del país dijo una vez públicamente, en respuesta a una pregunta sobre su interpretación de los milagros en el Antiguo Testamento: «Cuando me encuentro con un supuesto milagro, simplemente lo trato como una leyenda». Sin duda, este erudito no se molestaría en leer este capítulo ni nada parecido. Sabe de antemano que todos y cada uno de los supuestos milagros son meras leyendas. ¿Pero cómo lo sabe? No lo sabe; simplemente lo declara. Sin embargo, hay pensadores más filosóficos que dirían que este profesor tiene razón en su conclusión, pero se equivoca en la forma de llegar a ella. Están de acuerdo en que los milagros no existen y que los registros de ellos deben ser leyendas de algún tipo. Pero estos hombres intentan probar su afirmación y no simplemente afirmarla arbitrariamente.

Algunos contrarrestarían el poder probatorio de los milagros afirmando que nunca podría haber pruebas suficientes de un milagro frente a la abrumadora evidencia de la ley natural en su contra. David Hume argumentó en una ocasión que hay más pruebas de regularidad en la naturaleza que de irregularidad (sobrenaturalismo); por tanto, la regularidad y no la irregularidad debe ser la verdad del asunto. El argumento es manifiestamente infundado, e incluso irrelevante. Ciertamente, hay más pruebas de la regularidad de la naturaleza de las que podría haber de cualquier suceso sobrenatural. Pero el argumento del milagro no pretende ser un argumento contra la regularidad de la naturaleza. Es simplemente un argumento contra la regularidad de la naturaleza en cada caso particular. De hecho, el argumento a favor del milagro se basa en la regularidad de la naturaleza en general. Los hechos sobrenaturales no existen sino en relación con lo natural. Y no serían extraordinarios si no existiera lo ordinario como telón de fondo. No podrían ser signos de nada si no fueran diferentes del *statu quo*. Cuando uno defiende el milagro ocasional, está defendiendo al mismo tiempo lo que no suele ser milagroso. Si toda la naturaleza se volviera sobrenatural, no habría lugar para el milagro; nada sería milagro porque todo sería milagro.

Al mismo tiempo, todas las pruebas que hay de la regularidad de la naturaleza en general no son argumento alguno contra el milagro ocasional. Tales pruebas simplemente argumentan a favor del hecho de que el curso normal de la naturaleza es natural. No excluye la posibilidad de que ocurra algo irregular. Sólo prueba que mientras no haya nada más que la naturaleza para tomar en consideración probablemente no habrá ninguna desviación del orden con el que nos hemos familiarizado. Si hay un Dios, toda la evidencia de una naturaleza sin desviaciones desde su creación hasta el momento presente no proporciona la más mínima certeza de que la naturaleza continuará de la misma manera en otro momento. El mismo Dios que la hizo y la preservó en el patrón actual durante tanto tiempo puede haber cumplido su propósito al hacerlo y puede proceder inmediatamente, en este momento, a hacer otra cosa que en el pasado. Sólo si la evidencia de la regularidad de la naturaleza mostrara de algún modo que no hay ningún ser fuera de la naturaleza que pueda alterarla de algún modo, podría haber un argumento contra la posibilidad de los milagros. Pero esto la evidencia no lo hace, no pretende hacerlo, no puede hacerlo. Por lo tanto, nunca puede ser considerada como un argumento contra el milagro. En el sentido más estricto, la objeción de Hume es irrelevante.

¿Qué relación guarda la imprevisibilidad de la física moderna con la noción de milagro? Ciertamente, ya no se piensa que el universo sea fijo en el sentido en que lo era antaño. La teoría del quantum ha convencido a la mayoría de los físicos de que existe el indeterminismo o comportamiento impredecible de las leyes de la naturaleza. Como ha señalado Bertrand Russell, mientras que la psicología de nuestro tiempo se ha vuelto más determinista, la física lo ha sido menos. Algunos han utilizado el concepto de indeterminación de la naturaleza como una cuña para el milagro. Tras sentirse cercados por los argumentos basados en la regularidad de la naturaleza, han acogido con satisfacción esta aparente vía de escape por la que pueden seguir siendo científicos y aun así afirmar el milagro. La indeterminación interfiere con el poder de Dios, o más piadosamente deberíamos decir, hace posible creer que Dios puede actuar milagrosamente en la medida en que actúa indeterminadamente en la naturaleza creada.

Hasta donde podemos ver, la situación para la credibilidad del milagro no mejora ni empeora por la indeterminación. Por un lado, la indeterminación no es un concepto probado. O más exactamente, parece más probable que el hombre no pueda determinar en todos los casos las leyes por las que se rige la naturaleza, que el que ella misma sea indeterminista. Es concebible que, en el ámbito de la física cuántica, como en cualquier otro, la naturaleza sea determinista y que lo que no esté determinado sean las leyes de su comportamiento. La naturaleza puede estar determinada, pero el hombre no ha determinado cómo. Si este es el caso, el alboroto sobre el indeterminismo es un esfuerzo mental en vano.

Si la propia naturaleza es indeterminista, ¿entonces qué? Entonces seguiría siendo muy improbable que un indeterminismo en la naturaleza pudiera explicar por qué una vez y sólo una vez, hace miles de años, un hombre caminó sobre el agua, pero nadie más ha sido capaz de hacerlo ni antes ni después. Es de suponer que el indeterminismo de la naturaleza nunca podría emplearse para dar cuenta de un fenómeno tan singular. Además, si esta es la explicación, Cristo mismo fue engañado. Debería haberse sorprendido de encontrarse en el momento en que la naturaleza se comportaba de forma diferente a todas las veces anteriores. Tendría que haberse asombrado tanto como los demás, a menos (y aquí está la suposición desesperada) que fuera un fraude francamente sofisticado que se aprovechó de la oportunidad más increíble que el mundo pudiera imaginar. Además, está la cuestión de sus predicciones reales, que serían imposibles en un universo indeterminista.

Algunos afirman la imposibilidad *a priori* de los milagros debido a la inexistencia de Dios. Afirman, con razón, que para que un milagro tenga sentido debe ser obra de un ser divino inteligente, poderoso y con un propósito. En esto estamos de acuerdo con ellos. Luego dicen que como no existe ese ser, no puede existir el milagro. Y estamos de acuerdo. Si se puede demostrar que no existe Dios, también se demostrará con el mismo esfuerzo que no existe el milagro. ¿Qué oponen los adversarios de un Dios personal a su existencia? Ya hemos intentado mostrar en otras partes de este libro algunos de los argumentos a favor de la existencia de Dios y, al hacerlo, hemos considerado y mostrado incidentalmente la insuficiencia de los argumentos en contra de su existencia. No necesitamos reconsiderarlos aquí. Baste decir ahora que estamos seguros de que los argumentos contra la existencia divina no son sólidos y, por lo tanto, este argumento contra los milagros cae con ellos.

¿Cuál es la evidencia positiva de que los milagros han ocurrido? Una discusión de este tema con algún grado de plenitud requeriría un volumen entero en sí mismo. Debemos delimitar el campo. Por lo tanto, consideraremos aquí sólo los milagros de Jesucristo.

Todo el mundo sabe que los relatos evangélicos hablan de un gran número de milagros realizados por Cristo. Se alude a muchos más, pero no se relatan. Esto es tan generalmente conocido que me siento perfectamente seguro al asumir que los lectores están familiarizados con los relatos de la curación de los enfermos, la apertura de los ojos de los ciegos, la resurrección de los muertos, el caminar sobre las aguas, la multiplicación de la comida de un niño para alimentar a más de cinco mil personas hambrientas, y un sinfín de otros hechos similares.

Nadie discute que los relatos evangélicos hablan de milagros de Jesucristo. Se han intentado explicaciones naturalistas, sin duda, pero que sepamos nadie ha intentado demostrar que todos los relatos de hechos aparentemente milagrosos no son más que relatos de sucesos naturales malinterpretados por el escritor o el líder. Por ejemplo, ¿a quién le importaría demostrar que el relato de Juan de que Tomás metió los dedos en el costado de Cristo resucitado para palpar sus antiguas heridas no pretendía presentar un acontecimiento esencialmente sobrenatural, a saber, la resurrección física? Las personas pueden creer o no lo que dice Juan, pero ¿cómo pueden dudar de que Juan los presenta como sucedidos? Como suelen decir incluso los críticos naturalistas del Nuevo Testamento, no hay duda de que los primeros cristianos creían que estas cosas sobrenaturales ocurrieron.

Si se admite que los biógrafos de Cristo dicen que hizo milagros, las únicas preguntas que quedan son: ¿se puede creer a estos escritores? y si es así, ¿qué prueban los milagros?

¿Se puede creer a estos escritores cuando relatan

que Cristo obró hechos sobrenaturales o milagros? ¿Por qué no? Se supone que las personas son fiables en su relato de los hechos, a menos que haya alguna razón para pensar que no lo son. ¿Qué razón hay para pensar que estos escritores no son fiables? Por lo que se sabe, tienen fama de honrados. ¿Hubo algún prejuicio que tendiera a corromper su honestidad en el caso de estos milagros? No hay pruebas de soborno por dinero o posición. El hecho de que informaran de los milagros como vindicaciones de Jesús no les hizo quedar bien con los poderes de su propia comunidad. Hizo que Pedro y Juan fueran encarcelados y que todos los apóstoles fueran desacreditados por la mayoría de la comunidad judía. Es lógico que una persona no pueda promover sus propios intereses mundanos defendiendo a una persona condenada por la ley y ejecutada como criminal.

Pero ¿qué hay de sus intereses extraterrenales? ¿Es posible que estos hombres creyeran que ocultando la verdad y relatando lo que no ocurrió se ganarían un interés en el cielo? ¿Pensaban que por mentir sobre los «milagros», Jesús sería su dueño en el otro mundo? La mera formulación de esta pregunta la disipa. Toda la imagen de Jesús es la de un maestro de justicia que exigía a sus discípulos que hicieran juicios justos y dijeran la verdad que era la única que podía liberar. No parecería razonable creer que ellos pudieran haber pensado que complacerían a Jesús diciendo mentiras acerca de Él y de hecho ganarse su alabanza en el mundo de la justicia perfecta que vendría.

¿O podrían haber sido sentimentalistas? Es decir, ¿podrían haber supuesto que diciendo lo que sabían que era falso, podrían sin embargo hacer el bien? ¿Podrían haber pensado que, si la gente se convencía de que Jesús era un ser sobrenatural con poderes sobrenaturales, le obedecerían y caminarían por senderos de justicia? ¿Podrían haber supuesto que haciendo el mal vendría este gran bien? ¿Es posible que ellos, sabiendo que no había milagros, estuvieran no obstante dispuestos a seguir a Cristo hasta la muerte, pero que otros necesitaran la ayuda de tal superstición?

Hay una objeción insuperable a esta idea de «fraude piadoso». Como ya hemos mencionado, Cristo mismo es descrito como un maestro de estricta verdad y rectitud. Si los discípulos hubieran dicho falsedades deliberadas y enormes, su mismo celo los habría conducido al tipo más grosero de desobediencia. También habrían sabido que sus propias almas estaban en peligro, pues Cristo había dicho que un buen árbol da buenos frutos y que diría a los mentirosos en el último día: «Nunca os conocí; apartaos de mí, hacedores de maldad» (Mt 7:22, 23). «Si me amáis», había dicho Cristo, «guardad mis mandamientos». Parece increíble que los discípulos, en su mismo celo por Jesús, desobedecieran celosamente sus mandamientos, que en su deseo de estar con Él y promover su causa sellaran su propia perdición.

Hasta aquí la improbabilidad inherente de tal proceder por parte de los discípulos. Pero hay una dificultad igualmente grande en la situación externa. Aunque fuera concebible que los discípulos olvidaran de tal modo las enseñanzas de su Maestro y su propio interés espiritual como para violar tan groseramente sus cánones de rectitud, no se deduce en absoluto que aquellos a quienes se dirigían fueran a ser engañados. Después de todo, los discípulos habrían endilgado estos «fraudes piadosos» a aquellos entre quienes se suponía que se habían hecho. Habrían contado a la misma gente que se suponía que había estado presente en la ocasión, la ficción de que Jesús alimentó a cinco mil. Habrían dicho a los propios habitantes de Caná que Cristo convirtió el agua en vino en una fiesta en su pequeña comunidad, lo que todos en esa comunidad negarían inmediatamente que hubiera tenido lugar allí. La idea del «fraude piadoso», incluso si fuera psicológicamente pensable, sólo podría ser históricamente pensable si se perpetrara en una tierra diferente en una época diferente. Pero que en la misma generación estas cosas pudieran haber sido predicadas como ocurridas entre la misma gente que sabía que no habían ocurrido es difícilmente creíble.

11

Los Milagros de la Biblia (II)

En el capítulo anterior hablamos de los milagros de Cristo y concluimos subrayando el hecho de que fueron comunicados a las mismas personas entre las que supuestamente se habían realizado. Aunque los testigos de estos acontecimientos podrían haber salido con la suya entre extraños muy crédulos que no sabían nada acerca de los acontecimientos en cuestión, nunca podrían haber engañado a las mismas personas entre las que se suponía que habían tenido lugar los milagros. Por lo tanto, parece imposible poner en duda la honestidad de los testigos. De hecho, todos los factores favorecen su honestidad, que debe ser asumida en primera instancia a menos que haya alguna razón para cuestionarla. Pero cuando examinamos las posibles razones, no encontramos ninguna. La honestidad exige que su declaración se reciba como un registro de lo que ellos pensaron que ocurrió.

Pero la cuestión sigue siendo si lo que pensaban que había ocurrido realmente ocurrió. Si querían decir la verdad, ¿lo consiguieron? Con la mejor de las intenciones, los hombres a menudo han sido burdamente malinterpretados. ¿No es posible que estos escritores también se equivocaran? En otras palabras, queda la cuestión de la competencia de los testigos.

Observamos, en primer lugar, que tenían el mejor jurado posible para probar su competencia —sus propios contemporáneos, entre los que se dice que tuvieron lugar los hechos relatados. Si los escritores se hubieran contradicho palpablemente con los hechos, las personas a las que relataron los hechos habrían sido las mismas que los habrían desenmascarado. Si hubieran sido fanáticos equivocados, los no fanáticos a los que hablaron podrían haberlo detectado en un momento y haberlo repudiado con la misma rapidez. Si hubieran tergiversado los hechos reales, una gran cantidad de testigos oculares podrían haber declarado lo contrario. Si estos historiadores hubieran sido en realidad fanáticos intolerantes e ignorantes sin sentido histórico, incapaces de distinguir entre hechos y fantasías, entre sucesos de la naturaleza externa y de su propia imaginación, miles de israelitas podrían haberlo dejado muy claro.

De hecho, su registro no fue cuestionado. Ningún hombre los llamó mentirosos; nadie refutó su historia. Los que menos creían en Jesús no discutieron las afirmaciones sobre su poder sobrenatural. Los apóstoles fueron encarcelados por hablar de la resurrección de Cristo, pero no porque lo que dijeran fuera falso, sino porque inquietaba a la gente. Se les acusó de heréticos, ilusos, ilegales, no judíos, pero no de inexactos. Y eso habría sido, con mucho, lo más fácil de probar si se hubiera creído que era cierto.

En realidad, los israelitas de la época de Jesús, lejos de negar su poder milagroso, lo admitieron. No sólo lo admitieron, sino que lo utilizaron contra Él. Precisamente porque hizo milagros, lo condenaron. Es decir, atribuyeron los milagros, que admitían que

Él hacía, al poder del diablo (Mt 12:24). No nos interesa aquí la acusación, sino la admisión incidental. Lo que nos interesa aquí es que los hostiles líderes contemporáneos admitieron libremente que los milagros de Jesús eran ciertos, por muy maligno que consideraran su origen. No discutían el hecho, sólo su interpretación. No cuestionaron el testimonio. La competencia de los escritores no fue puesta en duda por la misma generación que podría haberla cuestionado. Parece muy irrelevante, por motivos históricos, que las generaciones posteriores planteen tales cuestiones cuando la generación en la que se dice que ocurrieron los hechos no lo hizo. Las generaciones posteriores pueden objetar por motivos filosóficos o argumentar a priori que esas cosas no pudieron ocurrir. A esos argumentos hay que responder con sus propios argumentos, como hemos intentado hacer. Pero la historicidad de ciertos acontecimientos no puede ser cuestionada por personas que no estuvieron allí cuando no fueron cuestionados por las personas que estuvieron allí. Podemos o no estar de acuerdo con la interpretación de los fariseos de que Cristo hizo sus obras por el poder de Satanás, pero no estamos en posición de impugnar el conocimiento de los fariseos de lo que Él hizo. Ellos estaban allí y nosotros no.

Este testimonio corroborativo de contemporáneos, amigos y, especialmente, enemigos, es la principal vindicación de la competencia de los testigos del Evangelio. Pero también está la viabilidad de los propios documentos. Estos milagros no son cosas fantásticas como las registradas en los relatos apócrifos de Jesús. Están en consonancia con el carácter del propio Jesús —benigno, instructivo, redentor. Él mismo era una persona especial y única; no es sorprendente que tuviera poderes especiales y únicos. De hecho, sería más sorprendente si no los hubiera tenido. Nunca un hombre habló así, nunca un hombre vivió así, nunca un hombre amó así, nunca un hombre actuó así. Como ha dicho Karl Adam, la vida de Jesús fue un resplandor de milagros. Los milagros eran tan naturales para Él como serían antinaturales para otros hombres. Era un hombre de verdad, pero no era un hombre corriente. Los milagros son sorprendentes cuando se atribuyen a otros hombres; parecerían sorprendentes si no se hubieran asociado a este hombre.

Algunos se han preguntado si los milagros no podrían explicarse naturalmente como el resultado del inusual conocimiento y comprensión de Cristo de las leyes de la naturaleza. ¿No poseía algún conocimiento oculto de los secretos de la naturaleza que le permitiera desencadenar algunos de sus poderes de una manera perfectamente natural, por sobrenatural que pudiera parecer a quienes no estaban familiarizados con estas leyes esotéricas?

A esto hay varias respuestas negativas. Por un lado, hay una objeción moral. Jesús mismo se refirió a sus obras o permitió que otros se refirieran a ellas como prueba de su poder sobrenatural. Habría sido una deshonestidad palpable hacerlo si hubiera sabido todo el tiempo que estaba simplemente ejerciendo un poder secreto, pero natural. Por eso pidió a sus discípulos que, si no podían creerle por sus palabras, le creyeran por sus obras (Jn 14:11). Tranquilizó a Juan el Bautista, que dudaba de la realidad de su vocación mesiánica, apelando a los milagros que realizaba (Mt 11:2-4). No puso objeciones cuando

Nicodemo dijo, «Rabí, sabemos que has venido de Dios como maestro; porque nadie puede hacer estas señales que tú haces, si no está Dios con él» (Jn 3:2). El ciego al que curó creyó en Él a causa de este milagro, y Cristo aprovechó plenamente esa creencia para insistir en sus pretensiones de ser el Mesías (Jn 9:35 s.). Refutó a los fariseos que le habían criticado por perdonar los pecados de un hombre, señalando que era capaz de hacer algo igualmente sobrenatural como curar instantáneamente su enfermedad. «¿Qué es más fácil, decir: Los pecados te son perdonados, o decir: Levántate y anda? Pues para que sepáis que el Hijo del Hombre tiene potestad en la tierra para perdonar pecados (dice entonces al paralítico): Levántate, toma tu cama, y vete a tu casa» (Mt 9:5, 6).

Las profecías mesiánicas habían previsto con frecuencia que el Mesías obraría milagros. Jesús no sólo lo sabía, sino que obviamente se señalaba a sí mismo como cualificado para ello. Si no se creía poseedor de poderes sobrenaturales, debía saber que estaba implicado en un fraude palpable y un engaño deliberado. Por lo tanto, desde el punto de vista moral, si Cristo hizo lo que hizo meramente por un conocimiento inusual de la naturaleza y no por un poder sobrenatural, debe haber sido un mentiroso engañador. Eso es más difícil de creer que cualquier milagro que se le haya atribuido.

En segundo lugar, en la suposición que tenemos ante nosotros, su propio argumento en su defensa sería un argumento contra Él. Es decir, cuando los judíos incrédulos afirmaron que Él hacía sus obras por el poder de Belcebú, Él replicó, «¿Cómo puede Satanás echar fuera a Satanás? Si un reino está dividido contra sí mismo, tal reino no puede permanecer. Y si una casa está dividida contra sí misma, tal casa no puede permanecer. Y si Satanás se levanta contra sí mismo, y se divide, no puede permanecer, sino que ha llegado su fin» (Mc 3:23 ss.). Pero si Cristo realmente no hizo verdaderos milagros, sino que sólo se aprovechó de su superior conocimiento para jugar con la credulidad de su época y de épocas posteriores, entonces habría estado perpetrando un fraude como príncipe de los engañadores, y como tal habría sido el instrumento del diablo. Porque Él consideraba al diablo como el padre de la mentira, y Él habría sido su hijo. Tal cosa no sólo es totalmente impensable desde un punto de vista moral, sino que es, como lo demuestra su argumento, totalmente irracional. Porque Satanás habría estado usando mentiras para destruir su propio reino. Mediante estos fraudes a su siervo Jesús, habría estado estableciendo el reino de Jesús que estaba fundado en la verdad y que llamaba a los hombres a arrepentirse de sus pecados. Así, la casa de Satanás habría quedado dividida contra sí misma, pues Cristo, el hijo de la mentira, con sus mentiras habría estado destruyendo el reino de mentiras de su padre.

En tercer lugar, si Cristo hubiera tenido el tipo de conocimiento que esta teoría le atribuye, tal conocimiento habría sido tan milagroso como los milagros que intenta explicar. Durante siglos antes y durante siglos después, ninguna otra persona, excepto este judío solitario e ignorante, supo cómo caminar sobre el agua. La ciencia moderna ha realizado muchas hazañas asombrosas en este siglo, pero todavía no está ni de lejos más cerca de lo que estaba en tiempos de Jesús de multiplicar los panes y los peces con una simple palabra. Las máquinas pueden comparar, clasificar y hacer cosas hasta ahora increíbles, pero con todos sus poderes siguen dependiendo de la débil mente del hombre que las inventó. Ni siquiera pueden plantearse una pregunta a sí mismas, sino que sólo pueden operar con su maravillosa eficacia a lo largo de canales creados para ellas por el hombre. Ciertamente, ninguno de ellos puede anticipar un acontecimiento histórico para mañana, y mucho menos predecir la caída de una ciudad dentro de una generación con tanta precisión como lo hizo Jesús (Mt 24:1 ss.). Esta explicación de los milagros de Jesús, por tanto, requiere tanta o más explicación que los milagros. Sería el milagro que pondría fin a todos los milagros. Intelectualmente, sería colar el mosquito y tragarse el camello.

Si la evidencia es convincente de que Cristo hizo milagros, ¿qué prueban estos milagros? Los milagros como tales no prueban que Jesús fuera más que un hombre. Porque, aunque los hombres no tienen este poder como hombres, podrían ser capacitados por Dios para realizarlos en su nombre. El poder milagroso pertenece sólo al autor de la naturaleza, pero aparentemente no es incomunicable como deben serlo la omnisciencia, la omnipotencia o la eternidad de Dios. Así que el poder de obrar milagros no es necesariamente una prueba de que la persona que tiene ese poder sea Dios mismo. Pero sí prueba que es enviado de Dios, pues sólo Dios tiene ese poder y puede delegarlo. Esta es la misma conclusión que sacó Nicodemo cuando le dijo a Jesús, «Rabí, sabemos que has venido de Dios como maestro; porque nadie puede hacer estas señales que tú haces, si no está Dios con él» (Jn 3:2).

En este punto, sin embargo, nos enfrentamos a otro problema o pregunta. ¿No es posible que haya otros seres no humanos que, aunque no sean el autor de la naturaleza, sean capaces de influir en ella de forma sobrenatural? Aparte de la revelación, no podemos saber que no existen tales seres; por lo tanto, consideramos la posibilidad de que los milagros de Cristo fueran realizados por un hombre que había recibido su poder de algún ser sobrenatural distinto de Dios, ya sea bueno o malo. Si existen tales seres y son buenos, entonces están sometidos a Dios y a sus siervos. Si, por lo tanto, comunicaron sus poderes al hombre Jesús, deben haberlo hecho en obediencia a la voluntad de Dios. Así, su entrega de poder sería esencialmente la misma cosa que la entrega de Dios, pues la darían de acuerdo con su voluntad.

Si estos seres son seres malignos, ¿entonces qué? Entonces no están sometidos a Dios y no hacen deliberadamente su voluntad. En ese caso no tendrían necesariamente poder sobre la naturaleza, pues eso estaría obviamente en manos del autor de la naturaleza y de aquellos a quienes Él voluntariamente se lo permite. Si, por lo tanto, estos espíritus malignos poseen algún poder como el que estamos suponiendo aquí, sólo puede ser por el permiso de Dios. Así que la pregunta es, ¿es concebible que Dios permita que estos espíritus malignos posean tal poder? Tal vez no podamos responder a esa pregunta, pero no tenemos por qué hacerlo. La cuestión que realmente nos preocupa aquí no es si tales espíritus podrían poseer tales poderes, sino si, aunque pudieran, serían capaces de comunicárselos a un ser humano. Pero ni siquiera tenemos que responder a esa pregunta, pues se trata de un ser humano concreto,

Jesucristo. Así que la pregunta es precisamente: si existen tales seres malignos y a estos seres Dios les permite tener un poder sobre la naturaleza que podría concebiblemente ser comunicado a algún ser humano, ¿podrían concebiblemente comunicárselo a un ser humano como Jesucristo? Ya hemos demostrado que sólo podrían hacerlo si quisieran destruirse a sí mismos. Le estarían dando poder para hacer conversos a un reino que fue establecido para destruir el reino del mal. Estarían dando poder a alguien que lo usaría sólo para el bien cuando, por definición, los espíritus malignos querrían que se usara sólo para el mal. Estarían proporcionando un instrumento para la curación cuando sólo deseaban propagar la enfermedad y la muerte; asegurarían el éxito de la persona más apta para asegurar su propio fracaso. Si estos espíritus malignos fueran espíritus inteligentes, simplemente no podrían hacer tal cosa, aunque Dios lo permitiera. Y ¿es posible que Dios comunique su gran poder a un hombre según su corazón por medio de espíritus completamente extraños a Él? Por lo tanto, desde el punto de vista de los propios demonios o desde el punto de vista de Dios mismo, parecería inconcebible que el poder sobrenatural de Cristo pudiera haber sido derivado de Satanás, si es que existe tal ser. Y puesto que no hay otra fuente concebible de la que pudiera provenir Su poder, debe haber venido, como dijo Nicodemo, de Dios.

Suponiendo entonces que Dios autentifica a sus propios mensajeros dotándoles de poderes milagrosos, pero no indica con ello que sean Dios, ¿qué prueban estos milagros sobre la divinidad de Jesús? No prueban nada directamente, todo indirectamente. Es decir, los milagros como tales no prueban que Jesús sea el Hijo de Dios; este poder podría habérsele dado como un simple hombre. Pero indirectamente prueban que Él es el Hijo de Dios porque prueban que Él es un mensajero veraz, y este mensajero veraz dice que Él es Dios. Cristo pudo haber hecho milagros y no haber sido Dios; pero no pudo haber hecho milagros y decir que era Dios sin ser Dios. Los mismos milagros, como hemos intentado mostrar, demuestran que Él es un mensajero autenticado de Dios y requieren que todos los que respetan a Dios lo respeten a Él y escuchen sus palabras. Y sus palabras, sorprendentemente, son que Él mismo es Dios. Aquí estamos atrapados en una maravillosa trampa divina. No podemos admitir que Cristo es un verdadero hacedor de milagros sin admitir que, en Su caso, Sus obras prueban Su divinidad. Si no fuera así, entonces tendríamos la imposible situación de pensar que Dios acredita a un mentiroso y envía a un mensajero con sus propias credenciales divinas para llevar al mundo al engaño. Esto no podría ser. Si los milagros son lo que hemos demostrado que son y demuestran lo que hemos demostrado que demuestran, entonces prueban que Jesús ha sido quien dice ser.

12

Profecías de la Biblia

Nunca ha aparecido en la historia un grupo de hombres más extraordinario que el de los profetas del Antiguo Testamento. Son igualmente notables por lo que se ha llamado su «anticipación» y su predicción, su perspicacia y su previsión. Su relato, o su mensaje a sus contemporáneos, llevaba su autoridad a flor de piel. Las propias palabras llevaban un imprimátur evidente. Por otra parte, sus predicciones han esperado la confirmación de los siglos, y los siglos sin duda lo han hecho.

Antes de señalar cómo se confirmaron fenomenalmente sus predicciones, conviene observar algunas cuestiones preliminares. En primer lugar, es notable que estos hombres se dedicaran a la predicción. La historia de la religión ofrece pocos ejemplos de ello. En su mayor parte, los hombres religiosos limitaron sus predicciones sobre el futuro a afirmaciones muy amplias sobre el destino general de la humanidad. El Corán, por ejemplo, abunda en referencias al infierno y al juicio venideros, pero el mahometismo difiere notablemente en detalles de sus antecedentes proféticos del Antiguo Testamento. Confucio es conocido por su preocupación por este mundo; se abstuvo incluso de generalizar sobre el destino futuro. Buda fue un filósofo cuyas predicciones no iban mucho más allá de la noción de una esfera del ideal realizado llamada nirvana. Los estudiantes de historia son los eruditos menos proclives a profetizar el futuro, y cuanto más erudito es el historiador, menos probable es que lo intente. Hay demasiadas contingencias cruciales —demasiados «si»— sobre los que giran las ruedas de la historia. Obligan a los sabios a decir: «No te jactes del mañana, porque no sabes lo que te deparará el día siguiente». Pero los profetas hebreos predijeron, con detalles históricos precisos, las cosas por venir.

Tal vez la singularidad de los profetas del Antiguo Testamento aparezca más claramente por contraste con otros que sí aspiraron a cierto grado de predicción. Así, Albert Barnes, en *The Evidences of Christianity*, menciona el caso del historiador Macaulay, que hizo la siguiente predicción sobre el futuro de la Iglesia Católica Romana: ...puede que siga existiendo con un vigor intacto cuando algún viajero de Nueva Zelanda, en medio de una vasta soledad, se sitúe sobre un arco roto del puente de Londres para esbozar las ruinas de San Pablo». W. F. Albright, en un discurso sobre los profetas del Antiguo Testamento, los comparó con Heinrich Heine y otros que parecían tener una extraordinaria sensibilidad para el futuro. Otro ejemplo de profecía lo encontramos en los antiguos oráculos, de los que se esperaba que dieran predicciones y a menudo lo hacían. Un ejemplo típico es la respuesta que Majencio recibió de los libros sibilinos cuando los consultó antes de su batalla con Constantino en el río Tíber: «Ese día el enemigo de Roma perecerá». Las diferencias entre estos casos y las profecías bíblicas son numerosas.

La primera diferencia entre los profetas bíblicos y los demás es que no había «puede» en los mensajes de los profetas. La vacilación es evidente en Macaulay, por ejemplo, pero en las predicciones de los profetas hay una certeza rotunda y no la especulación vacilante de las conjeturas de los historiadores.

En segundo lugar, la mayoría de estos escritores extra escriturales no reivindican la iluminación divina. Que estos hombres eran capaces de astutas expectativas o incluso de una visión asombrosa, nadie quiere ponerlo en duda. Pero ni siquiera ellos pretendían algo más que eso. Los profetas, por otra parte, no dieron pruebas de ser genios de perspicacia oculta, sino que afirmaron muy francamente que Dios era la fuente de su información.

En tercer lugar, en ninguno de los casos de predicción que se han dado o que podrían darse, encontramos nada comparable al grado de especificidad encontrado en la predicción de los profetas bíblicos. Sin duda, Macaulay fue lo bastante específico con su solitario neozelandés sentado en un arco de Westminster y pintando las ruinas de San Pablo, pero esto no era más que la más amplia de las conjeturas, como él mismo indicó. Además, todavía no se ha cumplido, ni nadie lo espera. Y los oráculos paganos eran notoriamente «ambiguos, y con doble sentido engañosos[1]». Así, las palabras de la Sibila a Majencio evitan cuidadosamente definir al «enemigo de Roma». Quienquiera que pereciera sería el enemigo de Roma, y la predicción, por definición, se cumpliría. Puede que Majencio se consolara pensando que Constantino era enemigo de Roma, pero su propia muerte demostró que lo era. Este tipo ambivalente de profecía nunca podría estar equivocado; tampoco podría estar en lo cierto.

Señalaremos algunas de las innumerables predicciones de los profetas, cuyos notables cumplimientos han confirmado sus afirmaciones de que hablaban la Palabra del Señor. Luego, consideraremos su predicción más notable de todas, la del advenimiento de Cristo. Para mayor comodidad, ordenaremos las predicciones y los cumplimientos en columnas paralelas, de modo que el lector pueda ver más fácilmente la correspondencia en detalle.

Antes de pasar a la predicción de Cristo, tomemos otro ejemplo del don de predicción de los profetas. Después de la profecía mesiánica, ésta, que se refiere a los judíos, es la más asombrosa y, por tanto, la más adecuada, no sólo para ilustrar el don profético, sino para introducirnos en nuestro punto principal.

Lo más asombroso de los judíos es que hayan estado dispersos de su propia tierra durante tanto tiempo. Lo que es aún más asombroso es que Moisés predijo su dispersión más de mil años antes de que tuviera lugar la fase final de la misma. «Y seréis arrancados de sobre la tierra a la cual entráis para tomar posesión de ella. Y Jehová te esparcirá por todos los pueblos, desde un extremo de la tierra hasta el otro extremo» (Dt 28:63, 64). Pero más asombroso aún es el hecho de que, a pesar de la dispersión, que ha durado más de dos mil quinientos años, la nación israelita ha mantenido su integridad entre los pueblos de la tierra. Y lo más asombroso de todo es que esto también —la notable preservación dentro de la notable dispersión— estaba predicho. «Y aun con todo esto, estando ellos en tierra de sus enemigos, yo no los desecharé, ni los abominaré para consumirlos, invalidando mi pacto con ellos» (Lv 26:44). Además de estas amplias profecías sobre los judíos, ha habido muchas otras más pequeñas y detalladas, como que fueron llevados cautivos en una ocasión durante setenta años; que se les permitió regresar bajo el reinado de Ciro, rey de Persia; que devoraron a sus propios hijos en períodos de terrible persecución y sufrimiento; e innumerables otras. En conjunto, no es de extrañar que Moisés dijera, «Y serás motivo de horror, y servirás de refrán y de burla a todos los pueblos a los cuales te llevará Jehová» (Dt 28:37); y que Federico el Grande recibiera como respuesta a su demanda: «Dame en una palabra una prueba de la verdad de la Biblia», la famosa respuesta: «Los judíos».

¿Qué tenían que decir estos poderosos profetas de Dios sobre su tema favorito, el Mesías venidero? Si pudieron predecir con precisión inigualable la caída de la gran pero malvada Babilonia, bien podemos esperar que se superen a sí mismos al predecir el establecimiento del Reino de Dios. Si pudieron ver a Lucifer caído del cielo, ¿qué podrían ver del Hijo de Dios? Si nos asombran con la riqueza de detalles con que estas visitaciones de la ira divina iban a caer sobre las naciones, ¿qué tenían que decir de la gracia de Dios para con el mundo? No podemos evitar estar llenos de grandes expectativas.

Las profecías del Antiguo Testamento sobre el Mesías son como las piezas separadas de un rompecabezas, excepto que cada parte separada es inteligible en sí misma. Sin embargo, es una parte de un todo mayor, que no se aprecia plenamente hasta que se coloca en su lugar en el todo mayor. Así, que un gran personaje viene es mostrado por estas declaraciones recogidas por A. Alexander en sus *Evidencias del Cristianismo*: Sería «de 'la simiente de la mujer'; 'la simiente de Abraham, en quien serían benditas todas las naciones'; 'el Siloh que había de salir de Judá, antes que el dominio de esa tribu se fuera'; 'el profeta semejante a Moisés, a quien el Señor suscitaría'; 'el rey que el Señor pondría sobre su monte santo'; 'el sacerdote según el orden de Melquisedec'; 'el ungido o Mesías'; 'la rama diestra'; 'la piedra angular'; 'el deseo de todas las naciones'; 'el Pastor de Israel'». Se anuncia a su precursor: «He aquí, yo envío mi mensajero, el cual preparará el camino delante de mí; y vendrá súbitamente a su templo el Señor a quien vosotros buscáis, y el ángel del pacto, a quien deseáis vosotros. He aquí viene, ha dicho Jehová de los ejércitos» (Mal 3:1). Se profetiza el lugar de su nacimiento: «Pero tú, Belén Efrata, pequeña para estar entre las familias de Judá, de ti me saldrá el que será Señor en Israel; y sus salidas son desde el principio, desde los días de la eternidad» (Miq 5:2). La naturaleza de su obra está predicha: «El Espíritu de Jehová el Señor está sobre mí, porque me ungió Jehová; me ha enviado a predicar buenas nuevas a los abatidos, a vendar a los quebrantados de corazón, a publicar libertad a los cautivos, y a los presos apertura de la cárcel; 2 a proclamar el año de la buena voluntad de Jehová, y el día de venganza del Dios nuestro; a consolar a todos los enlutados; 3 a ordenar que a los afligidos de Sion se les dé gloria en lugar de ceniza, óleo de gozo en lugar de luto, manto de alegría en lugar del espíritu angustiado; y serán llamados árboles de justicia, plantío de Jehová, para gloria suya» (Is 61:1-3). La entrada triunfal fue descrita por el profeta Zacarías (9:9): «légrate mucho, hija de Sion; da voces de júbilo, hija de

Jerusalén; he aquí tu rey vendrá a ti, justo y salvador, humilde, y cabalgando sobre un asno, sobre un pollino hijo de asna». El carácter misterioso de su persona (divina y humana) y de su ministerio (humilde y exaltado) se describen siglos antes. Su humanidad se muestra en esta profecía citada inmediatamente arriba y Su divinidad en las palabras de David (Sal 110:1): «Jehová dijo a mi Señor: Siéntate a mi diestra, hasta que ponga a tus enemigos por estrado de tus pies». En Isaías 53 encontramos una notable mezcla de lo humilde y lo exaltado: «Despreciado y desechado entre los hombres, varón de dolores, experimentado en quebranto; y como que escondimos de él el rostro, fue menospreciado, y no lo estimamos... Por tanto, yo le daré parte con los grandes, y con los fuertes repartirá despojos; por cuanto derramó su vida hasta la muerte, y fue contado con los pecadores, habiendo él llevado el pecado de muchos, y orado por los transgresores...». Los detalles de su muerte y sepultura también se indican en este notable pasaje: «E hizo su sepultura con los impíos, y con los ricos en su muerte...» También estaban previstas su resurrección y ascensión: «Porque no dejarás mi alma en el Seol, ni permitirás que tu santo vea corrupción» (Sal 16:10). Por último, su reino eterno era un asunto profético: «Miraba yo en la visión de la noche, y he aquí con las nubes del cielo venía uno como un hijo de hombre, que vino hasta el Anciano de días, y le hicieron acercarse delante de él. Y le fue dado dominio, gloria y reino, para que todos los pueblos, naciones y lenguas le sirvieran; su dominio es dominio eterno, que nunca pasará, y su reino uno que no será destruido» (Dan. 7:13, 14).

El canónigo Liddon ha afirmado que hay en total

más de trescientas profecías en el Antiguo Testamento sobre la venida del Mesías. Todas se han cumplido, más o menos plena y claramente, en Jesús de Nazaret. Alguien se ha tomado la molestia de calcular que la posibilidad de que se cumplan en una persona por pura casualidad es de uno sobre
84,000,000,000,000,000,000,000,000,000,000,000,000,0
00,000,000,000,000,000,000,000,000,000,000,000,000,0
00,000,000,000,000,000,000,000,000,000,000,000,000,0
00,000,000,000,000,000,000,000,000,000,000,000,000,0
00 de 1 por ciento.

13

Arqueología de la Biblia

Ni la arqueología ni ninguna otra ciencia podrán demostrar jamás que la Biblia es la Palabra inspirada de Dios. Pero podrían demostrar que no lo es. ¿Le parece extraño o injusto? En realidad, no lo es. La naturaleza de la Biblia lo hace inevitable. La Biblia pretende ser historia inspirada. Su inspiración no puede ser probada por la arqueología, pero obviamente su historia sí puede serlo; al menos parte de su historia sí puede serlo. Como bien ha dicho Herman Ridderbos, la Biblia «es, si se quiere, historia redentora; pero también historia redentora». La arqueología, como tal, no puede decir si la Biblia tiene algo de redentor, pero sabe si tiene algo de histórico. Si la Biblia no fuera un libro de historia y si la religión cristiana no se basara en hechos históricos, entonces lo que las ciencias históricas tienen que decir sería irrelevante en lo que respecta a la Biblia y a la religión cristiana. Pero como la Biblia es, por cierto, un libro de historia, y la religión cristiana es una religión de orientación histórica, estas ciencias son relevantes. Para decirlo sin rodeos, si se pudiera demostrar que Jesucristo nunca vivió, la religión cristiana dejaría de existir inmediatamente. Si se pudiera demostrar que la resurrección no tuvo lugar, entonces la salvación que se basa en ella sería una ilusión. «Y si Cristo no resucitó, vana es nuestra predicación y vana también vuestra fe».

Sí, la Biblia es un libro histórico, y está dispuesta a someterse a cualquier prueba legítima de exactitud histórica. No cabe duda de que la ciencia más capacitada para hacerlo es la arqueología, por lo que dirigimos nuestra atención al veredicto de esta ciencia sobre la historicidad de la fe cristiana. No esperamos que sea capaz de poner a prueba todas las afirmaciones históricas de la Biblia, pero nos interesa oír lo que tiene que decir sobre las que sí ha podido comprobar.

No cabe duda de que el profesor William Foxwell Albright, de la Universidad Johns Hopkins, es una de las mayores autoridades arqueológicas vivas. Se le ha llamado «el erudito más distinguido de América». El alcance y el detalle de sus conocimientos asombran a cualquiera que esté familiarizado con su trabajo. Ha escrito muchos libros definitivos y realizado numerosos e importantes estudios de campo, pero para nuestros propósitos aquí lo más conveniente de sus escritos es su reciente artículo sobre «arqueología» en la *Nueva Enciclopedia Religiosa Schaff-Herzog.*[1] Nos basaremos principalmente en este estudio en nuestra breve consideración del tema, aunque el Dr. Albright no se hace responsable de nada que no esté entre comillas.

Por supuesto, no se ha «excavado» en el Jardín del Edén, aunque se ha llegado a un acuerdo general sobre el lugar. Todo lo que la arqueología puede hacer por los primeros capítulos del Génesis es mostrar si tienen el sabor de la autenticidad. «Las historias

---

[1] L. A. Loetscher, ed.; usado por el amable permiso de la Baker Book House, Grand Rapids, Mich.

de Génesis 1-11», dice el Dr. Albright, «son muy antiguas, y en gran parte pueden rastrearse hacia el este hasta los valles del Éufrates y el Tigris. Esto es particularmente cierto del relato de la creación en Génesis 2:4 y siguientes, de la historia del Edén, de las listas de patriarcas antediluvianos, de la historia del Diluvio y de la Torre de Babel».

Se ha investigado mucho sobre el periodo patriarcal que ocupa el resto del relato del Génesis (ca. 2000 a 1500 a.C. o Edad del Bronce Medio). Aparecen muchos nombres personales y, además, «las costumbres patriarcales se parecen asombrosamente a las costumbres del norte de Mesopotamia, como reflejan las tablillas Nuzi del siglo XV a.C., que transmiten prácticas heredadas de siglos anteriores».

La época del Éxodo ha sido especialmente bien iluminada por los descubrimientos de los estudios arqueológicos. «...los nombres de Moisés y de otros miembros de su familia pueden identificarse con nombres egipcios populares en aquella época. También hay muchos indicios de influencia egipcia indirecta en el pensamiento y la vida mosaicos...». El Código de Hammurabi, el Código sumerio de Lipit-Ishtar y el Código de Eshnunna, entre otros, «nos proporcionan una visión extraordinaria del trasfondo del Libro de la Alianza (Ex 21-23) y de otra jurisprudencia mosaica».

La Conquista de Canaán está corroborada por dos tipos de pruebas. «La información directa sobre la ocupación israelita de Canaán procede de la Estela de Israel del faraón Merneptah (ca. 1223-16), donde los israelitas aparecen como nómadas que amenazan el control egipcio de Palestina y son debidamente castigados. Pruebas indirectas proceden, por ejemplo, de las ruinas de ciudades cananeas tan importantes como Laquis, Betel y Tell Beit Mirsim (¿Debir?), todas ellas destruidas por el fuego en el siglo XIII a.C. y reocupadas por portadores de una cultura material diferente y mucho más tosca. De los resultados de las excavaciones se desprende que la mayoría de estas ciudades destruidas fueron reconstruidas casi inmediatamente, pero que ciudades como Jericó no fueron reconstruidas hasta siglos después (cf. Jos 6:20)».

Se arroja luz incidental sobre la cultura del periodo de la primera monarquía. Por ejemplo, «la excavación de Glueck en el puerto salomónico de Ezion-geber ha sacado a la luz refinerías de cobre de un grado de desarrollo que hasta ahora no se había considerado posible en un período tan temprano». El Dr. Albright no menciona (ni hay ninguna razón por la que debería hacerlo) que muchos fueron los críticos de la Biblia que acostumbraban a utilizar la ausencia de pruebas positivas de una afirmación bíblica como prueba de que la afirmación era errónea. Las pruebas que ahora se presentan apoyan la integridad del testimonio bíblico, por supuesto, pero también nos recuerdan que la mera ausencia de confirmación no es un argumento en contra de una afirmación.

Una vez más, «hasta el descubrimiento en Ugarit y el desciframiento de la literatura religiosa cananea perdida hace mucho tiempo en los años treinta de este siglo, era imposible presentar un argumento objetivo para datar gran parte de la poesía hebrea antes del siglo IX a.C., de acuerdo con la tradición bíblica. Ahora la situación ha cambiado drásticamente. Un gran número de poemas hebreos emplean formas poéticas y recursos estilísticos característicos de los poemas cananeos compuestos antes del siglo XIV a.C... Además, el Salterio incluye muchos salmos arcaicos (29, 68, etc.) que contienen mucha fraseología de origen cananeo y que, por lo tanto, deben remontarse a antes del siglo IX a.C. En particular, tenemos muchos salmos que se remontan aproximadamente al siglo X y que pueden reflejar fácilmente el gusto del rey David por la música y la poesía, según recoge la tradición».

Los tres siglos que van desde la muerte de Salomón hasta la caída de Jerusalén están ahora «muy bien ilustrados por la arqueología». Albright enumera muchos de los hallazgos dentro y fuera de Palestina que explican la historia de estos años.

«Nuestro conocimiento del período que va desde la caída de Jerusalén hasta la conquista macedonia en 330 a.C. debe aún más que el del período precedente a la arqueología. La excavación y el examen superficial de decenas de yacimientos de ciudades pre exílicas de Judá han demostrado de manera concluyente que la conquista caldea fue acompañada de una devastación a fondo del país, cuyas ciudades no fueron reconstruidas durante generaciones, si es que lo fueron. No hay ninguna base arqueológica para la opinión, frecuentemente expresada, de que la vida continuó en Judá durante el Exilio de forma muy parecida a como lo había hecho antes —que no hubo ninguna interrupción real en la vida judía en ese momento. El punto de vista tradicional es correcto, aunque naturalmente debe modificarse en algunos puntos, donde la nueva información llena lagunas anteriores en nuestro conocimiento».

Nuestro conocimiento del Nuevo Testamento

también se ha enriquecido enormemente gracias a la investigación arqueológica del siglo pasado, y especialmente por el reciente descubrimiento de los Rollos del Mar Muerto. El Dr. Albright considera que estos manuscritos tienden un puente entre algunos libros apócrifos intertestamentarios y el Nuevo Testamento. Juan el Bautista «sin duda estuvo influido por ellos, y encontramos su lenguaje y estilo sorprendentemente similares a los rasgos correspondientes del Evangelio de Juan, con ecos en los Evangelios sinópticos y las epístolas paulinas». Concluye: «Ya no es posible atribuir el Evangelio de Juan a un escritor gnóstico; tenemos en estos pergaminos parte del trasfondo pregnóstico de pensamiento y lenguaje en el que creció Jesús».

El gran significado de este último hecho, Albright no cree necesario subrayarlo ya que no está escribiendo un libro sobre evidencias cristianas sino sobre arqueología. Pero, por la misma razón, se nos disculpará si señalamos la gran importancia de este descubrimiento para la verdad cristiana. Durante un siglo, muchos críticos bíblicos se opusieron a la posición tradicional que atribuía el cuarto Evangelio a Juan. Esto se hizo a pesar de la fuerte evidencia eclesiástica externa desde los primeros tiempos de que el apóstol Juan era el autor, así como la afirmación del propio libro de haber sido escrito por un testigo ocular. La autoría juanina fue rechazada con asombrosa unanimidad por eruditos liberales y radicales, en gran parte porque las ideas del Evangelio se consideraban demasiado avanzadas y teológicas para un apóstol del Nazareno. Hay que leer los libros de estos autores para darse cuenta de lo seguros que estaban de su posición y del desprecio que sentían por todos los que discrepaban. Durante años, el que un hombre creyera o no en la autoría juanina fue una prueba no oficial de erudición. No es exagerado decir que las personas, por grande que fuera su erudición, eran despreciadas como ingenuas, simplonas y muy subjetivas porque podían creer en la posición tradicional. Las ideas expresadas en este Evangelio tenían que proceder del siglo II como muy pronto. Era impensable que procedieran del siglo I, de un testigo ocular y apóstol. No estamos resintiendo el trato recibido en el pasado, ni tratando de tomar una venganza refinada en forma de «te lo dije», sino simplemente advirtiendo de nuevo del gran peligro de prejuzgar cualquier asunto y declarar algo imposible simplemente porque uno no puede ver en ese momento cómo podría ser posible.

Es bueno observar aquí —y esto incluye una leve restricción del propio Albright— que porque la presencia de los Rollos del Mar Muerto pruebe que era posible que Juan tuviera las ideas que expresó en su Evangelio, no se deduce en absoluto que fuera debido a la tradición representada por estos Rollos que tuviera las ideas que tenía. *Post hoc ergo propter hoc* («después de esto, por lo tanto, debido a esto») no es un principio más sólido en la crítica bíblica que en cualquier otro lugar en el reino del pensamiento lógico. El hecho de que el grupo esenio del Mar Muerto utilizara un lenguaje y unas ideas como las de Juan demuestra que ese lenguaje y esas ideas no tenían por qué proceder de un período posterior, pero no prueba que Juan las utilizara de ese grupo. Es posible que hubiera otros grupos cuyos escritos no hayamos encontrado todavía ni encontremos jamás. Por otra parte, dado que el lenguaje es esencialmente sencillo y sólo los pensamientos son trascendentes y sublimes, sigue siendo una posibilidad que Juan utilizara este lenguaje y estas ideas porque eran todo lo que conocía que podía encajar con el Cristo del que escribía. Además, ¿qué derecho tenemos a leer en los conceptos joánicos cualquiera de las nociones de la comunidad del Mar Muerto simplemente porque precedieron a Juan en el tiempo? En resumen, los Rollos del Mar Muerto no muestran necesariamente el origen del lenguaje y las ideas de Juan. Muestran simplemente que es erróneo decir que Juan pudo haberlas derivado sólo de grupos posteriores como los gnósticos, ya que había ejemplos judíos anteriores a mano. Independientemente de que se hayan encontrado o no los Rollos del Mar Muerto, sigue siendo cierto que no se puede decir de un escritor que podría haberse expresado de una determinada forma de pensamiento sólo si tenía copias anteriores.

«Volviendo a la arqueología palestina en sentido estricto, se han excavado muchos edificios de esta época. Las excavaciones en Jerusalén han sacado a la luz extensos restos de la época herodiana y romana temprana en la zona del Templo, especialmente el exterior del muro de contención del recinto herodiano del templo y la subestructura y el pavimento del pretorio de la Torre de Antonia. Se ha trazado en gran parte la línea de la primera y segunda murallas de Herodes, y ahora se conoce la línea de la muralla de Agripa, perdida hace mucho tiempo».

Albright concluye el estudio con estas palabras: «Sin la arqueología resulta así imposible comprender realmente la historia del Nuevo Testamento». Si sustituye la palabra «realmente» por «plenamente», compartiremos gustosamente el juicio. Pero observamos aquí especialmente que la arqueología no sólo nos ayuda a comprender la historia bíblica; también nos ayuda a creerla. Es decir, en muchos casos lo que los hombres han pensado que no era ni podía ser cierto, la arqueología ha demostrado que podía serlo y lo era. Incidente tras incidente, costumbre tras costumbre, relato tras relato han sido corroborados por la pala. La Biblia no sólo ha «cobrado vida», sino que lo ha hecho con un nuevo anillo de autenticidad histórica. Las piedras han gritado sus hosannas. Como ha dicho otro experto arqueólogo, Millar Burrows, de la Universidad de Yale: «En general... el trabajo arqueológico ha reforzado incuestionablemente la confianza en la fiabilidad del registro de las Escrituras. Más de un arqueólogo ha visto aumentado su respeto por la Biblia gracias a la experiencia de las excavaciones en Palestina».

Cuando reunimos algo del cuadro, la ciencia aparece como una verdadera sierva de la religión, un tutor para conducir a Cristo. El jardín ya no suena a mera mitología, ni el diluvio tan imposible. Abraham se ha convertido en un hombre y no sólo en un nombre. Quedorlaomer cobra vida y su ruta se sitúa en el mapa. Sodoma y Gomorra han sido desenterradas de su azufre. Moisés ha aprendido a escribir, y las cosas que escribió no estaban tan alejadas de su época como los hombres pensaban. La estancia de Israel en Egipto recibe su confirmación histórica, y su éxodo queda fechado. El viaje a través del desierto ya no es un camino sin huellas. Los muros de Jericó se han derrumbado en nuestros tiempos, y la conquista de Josué ya no parece descabellada. El reino de David se ha completado, y la reina de Saba parece, no legendaria, sino real. Job ha recuperado su antigüedad. El monoteísmo mosaico ya no es sólo un alegato especial. Hemos encontrado los establos de los caballos de Salomón y el templo que construyó David. Los arqueólogos han excavado el viaducto de Ezequías, y los hombres ya no están tan seguros de que Daniel fuera muy posterior a lo que dice la tradición. Cirenio pudo haber sido gobernador, como dice el tercer Evangelio, cuando se hizo el censo que llevó al niño Jesús a Belén. Herodes el Grande es ahora un libro abierto. La reputación de Lucas como historiador ha sido restaurada y realzada por los estudios de Ramsey y otros sobre el libro de los Hechos, y, una a una, las epístolas de Pablo le han sido devueltas. Y así, gradualmente, día tras día y año tras año, las investigaciones de los hombres han tendido a vindicar la exactitud histórica de la Palabra de Dios.

Como dijimos al principio de este capítulo, no esperamos que nadie se convierta en creyente en la inspiración de las Escrituras por el trabajo de los arqueólogos. Pero, por otra parte, no creemos que su trabajo pueda contribuir a que los hombres adquieran un mayor respeto por la integridad histórica de la Biblia. Ciertamente, uno no puede convertirse en incrédulo basándose en la pala. Más bien suponemos que, respetando la fiabilidad básica de la Biblia, uno bien puede estar dispuesto a considerar su reivindicación de su propia inspiración, argumento que hemos intentado exponer.

14

La Religión Bíblica

Hemos presentado pruebas destinadas a demostrar que la Biblia es la revelación de Dios. Ha llegado el momento de exponer de manera más sistemática lo que la Biblia enseña. Las afirmaciones doctrinales que siguen están tomadas de la Biblia, aunque no ha parecido necesario dar los numerosos textos que podrían aducirse en su apoyo.

En primer lugar, la Escritura presenta al mismo Dios que la naturaleza requería para explicar todo lo que es. Es un ser independiente, eterno, omnisciente y moral. Es el autor y gobernador de todo lo que existe. Este Dios es un ser personal, como se nos había hecho esperar, y su atributo fundamental es la santidad misma que se refleja en la constitución del hombre. Además, Dios es un ser tripersonal en una sola esencia —una Trinidad. Esto no estaba insinuado en la naturaleza, a menos que la revelación de que Dios es bueno y amoroso nos llevara a suponer que debe haber más personas que una en la Divinidad para participar en este amor eterno.

La creación y la caída del hombre encajan perfectamente con lo que una mente racional podría haber previsto. El hombre es una criatura de esta primera causa de todo ser. El hecho de que haya sido creado a imagen y semejanza de Dios explica la conciencia moral que todos conocemos. Hemos observado, para usar la expresión de Kant, que tenemos un «imperativo categórico», o ley moral incorporada, y que esto argumenta la existencia de un legislador. La Escritura nos dice que el gobernador moral del universo nos hizo con la capacidad de discriminación ética y, en base a ella, nos hace moralmente responsables. La mente del hombre es lo que le hace superior a los animales, aunque éstos le superen en fuerza física. Del mismo modo, aprendemos de la Biblia que incluso la investigación científica del hombre sobre la naturaleza de las cosas fue una tarea que Dios le encomendó desde el principio de su creación.

La Biblia cuenta cómo entró el pecado en el mundo. De lo contrario, nos preguntaríamos cómo Dios, que es manifiestamente bueno, podría ser el autor de tanta confusión, oscuridad y maldad. La Biblia responde a la pregunta. Él no fue el autor del mal. Al mismo tiempo, nada surgió sin su voluntad. La Biblia explica que Él creó al hombre bueno y a su imagen. Como agente moral libre, el hombre pudo hacer el mal y Dios se lo permitió. Dios no le tentó a hacer el mal, sino que le advirtió solemnemente que no lo hiciera. Pero tampoco le incapacitó para ello.

Nos preguntamos cómo pudo ser tentado un ser que era bueno y no tenía inclinaciones hacia el mal. ¿Qué había en él a lo que pudiera dirigirse la tentación? Sólo las virtudes con las que su Creador lo había dotado, dice la Biblia. Es decir, los ojos con los que vio el árbol de la tentación fueron un buen regalo de Dios para él; no era pecaminoso que apreciara la belleza. Dios también le dio el entendimiento por el que reconoció que el fruto podía hacer a uno sabio; no era pecaminoso desear la sabiduría. Más bien, la tentación se dirigía al mal uso de las propensiones legítimas —mal uso, porque Dios había prohibido previamente que se complacieran en este caso. No había ningún principio nuevo que hiciera ceder al hombre, sino sólo las facultades que Dios le había dado. El pecado consistió en desobedecer el mandamiento de Dios.

La Biblia también explica cómo este único pecado, una vez cometido por un hombre, se convirtió en una corrupción en el corazón de toda la raza humana. Ahora todos somos conscientes de que «errar es humano». El mal es tan universal que se ha asociado de alguna manera con el corazón mismo de cada hombre. Que cada persona crezca y haga el mal no puede ser una coincidencia. Exige una explicación. La Biblia da la explicación. La naturaleza de la humanidad se corrompió por la transgresión del primer padre de la humanidad. La reflexión revela que ésta es, en efecto, la única explicación defendible de lo que se ha convertido en un hecho reconocido: el pecado universal.

También parece manifiestamente racional que la raza haya sido probada por el comportamiento del primer progenitor. Era la única manera de que una raza como la humana pudiera haber sido probada moralmente. Los ángeles fueron probados individualmente, algunos tuvieron éxito y otros fracasaron en su prueba y cada uno fue juzgado en consecuencia. Los ángeles son representados como seres sin sexo que no están casados y no viven en familias. Puesto que el hombre no es una criatura así, sino que se reproduce y vive en familias en las que los progenitores influyen en su descendencia, no podría haber sido sometido a una prueba individual justa. Cada individuo influye en otro, por lo que la situación ideal sólo podría conservarse para una persona. Por lo tanto, la Biblia representa a Dios creando al primer hombre perfecto, colocándolo en circunstancias ideales y dándole los mayores incentivos posibles para hacer el bien. De hecho, estos incentivos fueron mayores para él de lo que podrían haber sido para cualquier otro individuo, ya que aparentemente quedó claro que el destino de toda la raza dependía de él. Si las personas hubieran sido juzgadas individualmente, el incentivo de la preocupación por toda la raza humana no habría estado presente como lo estuvo cuando la raza fue juzgada por un solo representante.

La caída del hombre no sólo explica la muerte espiritual, sino también la física. Nos hemos acostumbrado a la mortalidad, ya que es lo único que hemos conocido. Sin embargo, la mortalidad no es algo natural para el hombre, ¿verdad? La muerte es el resultado de la descomposición y la decadencia, una plaga de la vida. No hay nada en la naturaleza que explique por qué una criatura hecha a imagen del Dios inmortal está naturalmente sujeta a la decadencia y a la muerte. Tal condición es antinatural a primera vista. Sólo alguna catástrofe podría haber llevado al hombre a esta condición. Y la catástrofe debe haber sido de carácter moral, ya que trajo el disgusto de la primera causa moral (porque ¿qué podría hacer a la naturaleza antinatural sino la causa de la naturaleza?) en una expresión tan terrible. El pecado, o aberración moral, no se produce porque los hombres sean mortales, nacidos con las semillas de la muerte y la decadencia en ellos. Debió ser concebido al principio de la raza humana por alguien que nos representaba a todos. En otras palabras, la Biblia confirma las sugerencias de la naturaleza, diciéndonos que el hombre se llamaba Adán y describiendo el carácter de su prueba y el pecado y las consecuencias, con las que todos estamos demasiado familiarizados.

La redención es el tema central de las Escrituras. Según la Biblia, el hombre, después de su caída, merecía perecer, pues «la paga del pecado es muerte». Pero los hombres no perecieron inmediatamente porque «donde abundó el pecado, sobreabundó la gracia». A partir de Génesis 3:15, el Antiguo Testamento se ocupa de los anuncios y preparativos de la venida del Salvador al mundo. Cuando el Cristo está a punto de nacer, su nombre se llamará Jesús, porque «salvará a su pueblo de sus pecados».

Jesucristo, el Dios-hombre, estaba perfectamente capacitado para ser el Salvador de la raza humana caída. Como hombre, podía identificarse con los hombres; como Dios, podía satisfacer infinitamente por los pecados. Si hubiera sido meramente hombre, su expiación sólo habría tenido un valor finito. Si hubiera sido sólo Dios, no podría haber sido tentado, ni podría haber muerto para satisfacer. Pero en sus dos naturalezas fue capaz de cumplir los deberes que incumben a los hombres, al tiempo que poseía las prerrogativas que sólo pertenecen a la divinidad.

Su obra de redención se denomina en la Biblia justificación. La justificación ha sido definida clásicamente como «una obra de la gracia gratuita de Dios por la que perdona nuestros pecados y nos acepta como justos a sus ojos sólo por la justicia de Cristo que se nos imputa y recibimos sólo por la fe». Tiene dos partes: remisión y justicia. Por la obra de la remisión, Cristo como Mediador recibe el castigo debido a los pecadores. Interpone su preciosa sangre por ellos. Él es azotado con sus heridas. El que no conoció pecado se hace pecado para que ellos lleguen a ser justicia de Dios en Él. Vino, dijo, a servir y a dar su vida en rescate por muchos. En Él murieron todos. Estas son varias y diversas maneras en que la Biblia expresa la doctrina de que Cristo en su humanidad recibió el juicio de Dios sobre el pecado, con el cual se identificó vicariamente. Se asemejó a la serpiente (usualmente el símbolo del pecado en la Biblia) levantada en el desierto (refiriéndose a su muerte en la cruz), donde se identificó tanto con el pecado de su pueblo que el Padre, enojado, escondió su rostro de Él. Cristo abandonado y solo, desamparado por Dios, clamó: «Dios mío, Dios mío, ¿por qué me has desamparado?». Así Él «fue entregado por nuestras ofensas».

Según la Biblia, el hombre fue creado originalmente santo, recto y bueno, pero no inmutablemente así. Posteriormente, perdió la bondad que tenía. Así que la obra de la redención, si iba a ser más perfecta que la justicia original del hombre, tenía que restaurar esa justicia original y hacer más. El «más» que tenía que hacer era hacer esa justicia original permanente e inalienable. Esto es lo que Cristo ha hecho por su pueblo en lo que se llama propiamente «justificación». Él los hace justos. No sólo son liberados de la culpa por la remisión de los pecados, sino que son dotados de justicia positiva. Así se les hace más que «no culpables»; se les hace «aceptos en el amado». Porque «el que fue inmolado por nuestras ofensas, resucitó para nuestra justificación». En consecuencia, «¿quién acusará de algo a los elegidos de Dios? Es Cristo Jesús el que murió, más aún, el que resucitó».

Pero, aunque Cristo restaura la imagen de Dios, reconcilia a los creyentes con Dios mediante su camino nuevo y vivo, y los hace aceptables a sus ojos, no elimina por completo el pecado restante. Lava el cuerpo, pero no hace imposible que los cristianos se ensucien los pies en su viaje por este mundo (Jn 13:1 ss.). Los injerta en sí mismo como sarmientos en una vid, pero no de tal manera que no necesiten una poda ulterior y constante por parte del divino Labrador (Jn 15:1 ss.). Su mayor discípulo pudo decir: «Con Cristo estoy juntamente crucificado; mas vivo, y no yo, mas vive Cristo en mí; y lo que ahora vivo en la carne, lo vivo en la fe del Hijo de Dios, el cual me amó y se entregó a sí mismo por mí». Por otra parte, podía decir: «No digo haberla alcanzado», y «prosigo a la meta del premio de la suprema vocación de Dios en Cristo Jesús». El apóstol Juan, a quien Cristo amaba especialmente, dijo: «El que dice que no tiene pecado se engaña a sí mismo y la verdad no está en él».

Pero el segundo Adán debía asegurar una salvación para su pueblo que el primer Adán no pudo asegurar para aquellos a quienes representaba. Mientras que estos últimos perdieron lo que era potencialmente suyo, Cristo obtuvo la salvación real para ellos. Hizo imposible que volvieran a caer. «Nadie», dijo, «los arrebatará de mi mano». «El Señor conoce a los suyos», y por eso «el fundamento del Señor está firme», repitió el apóstol Pablo. «El que comenzó en vosotros la buena obra, la continuará hasta el día de Cristo». El propio Jesús definió el discipulado en términos de perseverancia: «Si perseveráis en mi palabra, seréis verdaderamente mis discípulos». Así, el que persevera es un discípulo; el que no persevera no es (nunca fue) un discípulo.

Sin embargo, tal es la sabiduría de Dios, que al cristiano se le da la seguridad última de su redención de tal manera que su seguridad no contribuye en modo alguno a la presunción carnal o a la indiferencia moral. Así, Cristo, que aseguró a sus discípulos que nadie los arrebataría de su mano, también les ordenó que permanecieran en Él para que no fueran cortados como ramas muertas (Jn 15:1 ss.). Del mismo modo, el apóstol Pablo, aunque estaba seguro de que aquel que había comenzado una buena obra la continuaría, golpeó su propio cuerpo para que mientras predicaba a otros él mismo no fuera un «náufrago» (1Co 9:27). No hay incoherencia ni paradoja en tales afirmaciones. Simplemente ponen de manifiesto dos aspectos de la misma verdad: por un lado, la perseverancia es una certeza divina, y por otro, la perseverancia es por medio del esfuerzo humano. Las personas perseverantes perseverarán, es decir, seguirán viviendo santamente. Los que no siguen viviendo santamente ni siquiera son discípulos. La Escritura no dice que el cristiano pueda dejar de ser cristiano. Dice simplemente que, si un cristiano profeso no permanece en Cristo y da fruto, no es cristiano; será desechado como una rama muerta. Pablo, sin duda, dice que, si dejara de golpear su cuerpo, sería un náufrago. No dice que alguna vez dejará de golpear su cuerpo. En otra ocasión dijo que, si un ángel predicara otro evangelio que no fuera el verdadero, sería anatema. No dice que un ángel jamás predicaría así. Jesucristo mismo dice que si hablara como los fariseos, también sería mentiroso; pero no dice ni infiere que fuera capaz de hablar así jamás. Así, juiciosamente, el plan de salvación asegura a la vez confianza y humildad en el creyente. Se le asegura que Dios está obrando en él para que quiera y haga según su beneplácito, y al mismo tiempo debe obrar su propia salvación con temor y temblor.

Este es probablemente el lugar apropiado para mencionar el plan de redención de Dios. En primer lugar, Dios debe ser omnisciente, ¿no es así? Ya hemos demostrado que Él es independiente, y que todas las demás cosas dependen de Él. Esto implica que nada puede llegar a existir si no es por su voluntad. Y puesto que Él debe conocer eternamente su propia voluntad, debe ser omnisciente. Puesto que Dios es omnisciente, debe conocer todas las cosas relacionadas con la salvación y las respuestas de los hombres a ella. En otras palabras, debe saber quién creerá, perseverará y se salvará y quién no. Pero si Él conoce todas estas cosas antes de que ocurran, entonces debe estar absolutamente seguro antes de que ocurran. Si no son ciertas, no pueden ser conocidas como ciertas. Dios no puede conocer una mentira; es decir, no puede conocer como cierto algo que en realidad es incierto. Pero si Dios conoce las cosas, incluso la salvación de los hombres, como ciertas de antemano, entonces deben ser ciertas de antemano. Pero ¿qué podría hacerlas ciertas de antemano? Nada más que Dios mismo, obviamente. Por lo tanto, Dios debe decretar que sucedan o predestinar las acciones de los hombres. Al mismo tiempo, debe hacerlo en coherencia con la libertad humana, pues el hombre es libre y sus acciones no están forzadas. Es un agente moral responsable.

La Biblia presenta ambas líneas de enseñanza. Un gran número de pasajes muestran la soberanía de

Dios en los asuntos de los hombres (Is 44:28; 46:10; Ef 1:5; Lm 3:37; Mt 11:25 s.; Hch 2:23,28). Un gran número de textos indican la libertad y la responsabilidad de los hombres (Mt 17:12; Hch 2:23; Ez 18:2 s.; Ap 3:20; Jn 7:17; Lc 9:23). La Biblia no ve ni siente contradicción alguna entre estas dos concepciones, ni ningún hombre ha demostrado jamás que la haya. Misterio, sí; contradicción, no.

Así como la Biblia comienza con Dios en la eternidad, así termina con Dios y su creación en la eternidad. Hay, dijo Agustín, suficiente juicio en este mundo para mostrar que habrá un juicio en el otro mundo, pero no suficiente en este mundo para hacer innecesario el juicio en el otro mundo. Fue John Stuart Mill quien observó que este mundo no era ideal en ningún sentido, excepto como lugar de prueba. Para eso es perfectamente adecuado. Y así lo confirma la Biblia. Este es el día de la prueba, el tiempo en que se resuelve el destino de los hombres. «Está establecido para los hombres que mueran una sola vez, pero después de esto el juicio». Este juicio al morir será inmediato, personal y privado. El hombre en el estado intermedio permanecerá incorpóreo, pero en su lugar de destino final, estará en la miseria (Lc 16.20 ss.), o será bienaventurado en Cristo (Flp 1.21 ss.). Los santos esperan ser revestidos (2Co 5.1 ss.), mientras que los demonios y, sin duda, también los hombres perdidos, viven con el temor de la «resurrección» a la muerte, la muerte segunda (Mt 8.29). El día del juicio será universal, visible y público. Todas las cosas ocultas saldrán a la luz, la maldad oculta y la fe y el amor ocultos. Entonces el escudriñador de corazones pondrá en claro los corazones de los hombres y la base de su propio juicio. Aquellos que son malvados, cualesquiera que hayan sido sus apariencias externas, serán despedidos con el diablo y sus ángeles al tormento eterno. Los que hayan sido humildes amantes y servidores de Dios y de sus semejantes habrán demostrado así la autenticidad de su fe en Cristo, por quien son salvos, y heredarán el reino preparado para ellos desde antes de la fundación del mundo. Y así continuará la eternidad, el infierno con sus miserias interminables, totales, sin alivio, sin esperanza; el cielo con la bienaventuranza interminable, perfecta, sin disminución, llena de gloria.

15

Algunas Dificultades Doctrinales de la Religión Bíblica

Indudablemente, nuestro breve esbozo del mensaje de la Biblia ha suscitado diversos interrogantes. Este capítulo está dedicado a la consideración de algunas de las principales dudas y críticas a la enseñanza bíblica.

En primer lugar, está la cuestión relativa al origen del pecado. Este problema no es propio de la teología cristiana. Confronta a cualquier teología teísta. Si Dios es bueno y autor de todas las cosas, ¿de dónde viene el mal? Si Dios es autor sólo del bien, ¿quién es el autor del mal? Puesto que el Dios bueno es Él mismo el único autor último de todas las cosas, ¿cómo es posible que se origine el pecado?

Este es el problema más difícil de toda la teología y filosofía teístas. Sospechamos que no tiene respuesta. Supongamos por el momento que no tiene respuesta. ¿Qué hacemos entonces? ¿Negamos el mal como hace la Ciencia Cristiana? ¿O negamos a Dios como hacen el ateísmo y el panteísmo? Cualquiera de estas alternativas sería imposible. ¿Por qué? Porque la evidencia de la existencia del mal y la evidencia de la existencia de Dios son irrefutables. Ambos existen claramente. Los hechos no se pueden negar. Gran parte de este libro está escrito para probar la existencia de Dios. No es necesario escribir libros para probar la existencia del pecado. Sólo podemos declarar que el pecado existe, Dios existe y Dios es la causa última de todas las cosas. Él no puede ser la causa inmediata del pecado, ya que es totalmente bueno. Por lo tanto, debe haber provocado el mal indirectamente. No sabemos cómo ni por qué lo hizo. Lo que sí sabemos es que pudo hacerlo y lo hizo. Simplemente debemos dejar el asunto ahí. Esto es lo que llamamos un misterio. No sabemos cómo han sucedido ciertas cosas. Sólo sabemos que han sucedido.

A pesar de lo que se ha dicho, no sugerimos que no pueda arrojarse ninguna luz sobre esta gran dificultad. En primer lugar, ya hemos indicado que el pecado original no presuponía una propensión pecaminosa. Las cosas que tentaban no eran antinaturales, sino naturales, y el hombre, al ceder a ellas, no mostraba la presencia de una tendencia maligna, sino el funcionamiento de inclinaciones por lo demás legítimas. El pecado consistió en usarlas erróneamente, desobedeciendo el mandato de Dios. En segundo lugar, se puede observar, como Agustín y muchos otros han demostrado, que el pecado o el mal no es un principio positivo, sino negativo. Es decir, no es un ser o entidad como lo es Dios o el bien; el mal es la ausencia de Dios o del bien. No es una causa eficiente (*causa efficiens*), sino una causa deficiente (*causa deficiens*). No es el ser, sino un parásito del ser. No puede existir independientemente, sino que debe ser una caída del verdadero ser. No deja de ser real, aunque no en última instancia como el verdadero ser o el bien. En tercer lugar, un ser finito puede juzgar mal lo infinito y pecar. Lo finito no necesita juzgar mal lo infinito, pero puede hacerlo.

Adán podía pecar, pero también podía no pecar.

En cualquier caso, la incapacidad de explicar o comprender no constituye una objeción a nada. Mientras que la explicación y la prueba pueden establecer algo, la incapacidad de presentar tal prueba no refuta nada. Es decir, si hay pruebas de que una cosa es así, la incapacidad de explicar cómo es así no puede considerarse propiamente un argumento contra la verdad de la misma. Por ejemplo, es un misterio que este tipo frío en una página muerta pueda comunicar un significado real de un autor vivo a un lector vivo. Conocemos algunos de los pasos del proceso, pero ¿quién es tan temerario como para decir que comprende plenamente cómo se transmiten los conceptos intelectuales por medios tan materiales? ¿O quién se atreve a dudarlo?

Una segunda pregunta sobre la fe cristiana se refiere a la doctrina de la representación. ¿Es justo, se pregunta, que un hombre sea juzgado por la actuación de otro? ¿Puede Adán, a quien nunca conocí, quedar bien o mal por mí? En especial, ¿puede caer y arrastrarme al infierno con él? ¿Es justo que mi destino eterno dependa de alguien que no sea yo mismo? ¿Acaso cada persona no se sostiene o cae por sí misma? ¿No dice la Biblia que «cuando el justo se apartare de su justicia, e hiciere iniquidad, morirá por ello. Y cuando el impío se apartare de su impiedad, e hiciere según el derecho y la justicia, vivirá por ello» (Ez 33:18,19)? ¿No se reprendió a los israelitas por pensar que los padres habían comido uvas agrias y a los hijos se da la dentera? ¿Se condena a mi hijo por mis pecados? En otras palabras, ¿es el juicio por representante fiel a la justicia, a la vida o a la propia Escritura?

Creemos que este punto puede tener una respuesta racional satisfactoria. Las objeciones nos parecen más emocionales que racionales. Por lo tanto, pedimos al lector que considere esta respuesta objetivamente, considerando si responde a la objeción, no si apela a su preferencia personal.

Hay una serie de consideraciones que justifican el procedimiento indicado en la Biblia. En primer lugar, debe recordarse que el juez de toda la tierra no puede hacer el mal (Gn 18:25). Si Él ha establecido tal método de probación, podemos estar seguros de que el método es consistente con las reglas de justicia que no son más que una expresión de su propia naturaleza justa. En segundo lugar, la naturaleza del hombre requiere tal prueba en lugar de un juicio individual, como observamos en el capítulo anterior. Si el primer hombre, habiendo sido probado privadamente, hubiera pecado y caído, podría haber caído como un solo hombre. Pero en su condición caída se habría reproducido, y sus hijos habrían tenido naturalezas corrompidas y un ambiente corrompido en el cual experimentar su propia libertad condicional. Esto seguramente no sería justo. En tercer lugar, las circunstancias de la libertad condicional edénica eran ideales, y de hecho mejores de lo que podrían haber sido para cualquier otro individuo. No sólo era el ambiente perfecto y totalmente conducente a la obediencia; no sólo eran los peligros de la desobediencia suficientemente grandes y las ventajas de la obediencia suficientemente maravillosas; sino que todas estas circunstancias favorables se hicieron aún más favorables por el hecho de que la libertad condicional se estaba llevando a cabo como una responsabilidad pública y no privada. Es decir, sin duda se le hizo comprender a Adán que el destino de toda su progenie estaría determinado por su conducta, lo que debió de aumentar incalculablemente sus motivos para la obediencia. Así, él como individuo estaría bajo circunstancias más favorables de lo que cualquier otro individuo podría haber estado, incluso si no hubieran sido corrompidos por el mal ejemplo de sus predecesores. En cuarto lugar, existe una analogía con la vida tal como la conocemos. Hay un principio representativo escrito en grande en los asuntos necesarios de los hombres. Cualquiera que sea la forma de gobierno entre los hombres, debe ser necesariamente representativa hasta cierto punto. Uno o unos pocos deben actuar por los muchos, y los muchos deben sufrir o beneficiarse de sus decisiones. Esto comienza en la familia, en la que los padres necesariamente toman muchas decisiones por los hijos, y los hijos necesariamente cosechan las consecuencias, buenas o malas. No podría ser de otro modo en la familia humana. Y no sólo en la familia, sino también en la iglesia y en el estado, en los grupos pequeños y en los grandes. En quinto lugar, la expiación se basa directamente en el principio de representación. Si fue posible que Cristo diera su vida en rescate por muchos, el principio de representación se establece en el punto más importante del destino humano.

Algunos piensan que el hecho de que Dios sea capaz de venganza e ira es un concepto indigno de la Deidad que enseñan las Escrituras. Tendría que ser un ser mezquino, dicen, infeliz hasta que se venga de sus creaturas. Se piensa que la venganza es incompatible con la visión de Dios como un ser magnánimo y noble, y lo presentaría como un pequeño tirano, vengativo y rencoroso. A esto respondemos que el Dios de la Biblia es un ser eternamente glorioso, el único soberano en última instancia bueno y digno y excelente del cielo y de la tierra. Si es importante que los hombres mantengan la dignidad de los hombres, que respeten a los que tienen autoridad, que honren al padre y a la madre, que se levanten ante la cabeza canosa, que teman al rey; es infinitamente más importante que Dios mantenga la dignidad de la Divinidad. Si no podemos permitir que los hombres arrojen calumnias sobre nuestros padres o sobre cualquier otra persona a la que respetemos, es un mal inconcebiblemente mayor deshonrar la majestad del cielo. Si nosotros somos conscientes de ello, Dios debe serlo infinitamente más. El castigo adecuado por la infracción del honor de Dios es apropiado y necesario, en la medida en que la ausencia del mismo sería una abnegación tácita por parte de Dios de la gloria y majestad de su persona, y eso sería impensable. En otras palabras, el castigo por el pecado, lejos de ser una acción mezquina, es un elemento esencial de la majestad infinita. Precisamente porque Dios es grande y no pequeño, debe mantener la gloria de su nombre.

Que la propia Escritura se opone a la venganza de Dios suele deducirse de la representación bíblica del ser divino como infinitamente bueno y misericordioso. Esto es lo que la Biblia enseña con frecuencia. La misericordia es un atributo distintivo del Dios de las Escrituras. «Dios es amor». Sin embargo, Dios tiene muchos otros atributos. La Biblia registra estos diversos atributos sin separarlos. Precisamente porque los hombres desprecian el amor de Dios y presumen de su misericordia, la gloria y la majestad de Dios exigen una represalia adecuada. Es un gran pecado deshonrar la misericordia y el amor de Dios. Ningún pecado puede cometerse impunemente, y menos un pecado tan atroz y odioso como despreciar el mismo amor que ofrece el perdón de los pecados. El Salmo 95 comienza con una cordialísima invitación a venir y adorar a Dios; termina contemplando a los que endurecen su corazón y les advierte que Dios jurará en su ira que no entrarán en su reposo. «¿Cómo», pregunta el Nuevo Testamento, «podremos escapar si descuidamos una salvación tan grande?». Jesús dijo que sería más tolerable para Sodoma y Gomorra que para Corazín y Betsaida en el día del juicio, porque estas ciudades de Galilea habían desdeñado mucho más la bondad y la misericordia de Dios que incluso los perversos sodomitas. Si el amor y la misericordia de Dios fueran expuestos al desprecio de los hombres, éstos podrían entonces volverse y despreciar todos sus otros atributos, porque podrían suponer su misericordia. Subvertirían por completo todo el orden moral, convirtiendo a Dios en esclavo de los hombres, valorando el vicio, convirtiendo el infierno en cielo y el cielo en infierno. En otras palabras, si los hombres pudieran suponer de la misericordia de Dios, Dios estaría a merced de los hombres, en lugar de los hombres a merced de Dios.

Una de las grandes cuestiones que se plantean a menudo al cristianismo es cómo puede conciliarse su enseñanza de que Dios es soberano y cumple su voluntad con su enseñanza, igualmente enfática, de que los hombres son libres y responsables y de que sus actos determinan su destino. Trataremos esta cuestión más a fondo en el capítulo dedicado al determinismo como objeción contra la fe cristiana. Digamos aquí simplemente de pasada que la Biblia supone que cada una de estas enseñanzas es verdadera y que no necesitan reconciliación porque no están en conflicto la una con la otra. Muchas personas piensan que existe algún conflicto entre ellas, pero no lo demuestran. A menudo se asume tácitamente que Dios no puede ser soberano y el hombre libre. Rara vez parece que alguien sienta la necesidad de intentar demostrar por qué esto debe ser así. Sin embargo, no es en absoluto evidente que sea imposible que Dios realice su voluntad en agentes libres sin violar su libertad. O, dicho de otro modo, ¿qué prueba hay de que no pueda ser mi voluntad que yo escriba estas palabras y ser al mismo tiempo la voluntad de Dios? La convergencia o confluencia o coacción de dos voluntades en una misma cosa sin coacción no parece, a primera vista, imposible. Por supuesto, si yo no quisiera escribir a máquina y alguna fuerza invisible me obligara a hacerlo en contra de mi voluntad, la cosa sería muy distinta. Pero sé que no hay ninguna fuerza externa que me obligue a escribir. Escribo por voluntad propia. Pero si alguien me dice que al hacerlo estoy cumpliendo la voluntad eterna de Dios, no tendré dificultad en creerle si me da alguna prueba de que así es.

¿No fabricamos este problema al suponer que la coacción significa necesariamente coerción? Si así fuera necesariamente, entonces sí que habría un problema. Pero hasta que no se demuestre que es así, no podemos admitir que exista un problema. Que el asunto es misterioso, como hemos dicho en otra parte, nadie puede negarlo. Que sea contradictorio, paradójico o conflictivo, nadie puede afirmarlo.

Probablemente, la mayor objeción que se ha planteado contra la fe cristiana es la perenne protesta contra el castigo eterno. Es cierto, dicen algunos, que el pecado debe ser castigado. Se admite que Dios debe vengar su honor y mantener su majestad. Es cierto que no puede permitir que sus criaturas desprecien a su Creador. Sin embargo, ¿por qué el castigo debe ser increíblemente severo? Especialmente, ¿por qué debe ser interminable? ¿Es correcto que un hombre peque, aunque sea malvada, persistente e intencionalmente, y luego sea castigado tan terriblemente que un momento en el infierno traiga más angustia que un siglo de las más grandes torturas que este mundo conoce? ¿Es justo que un hombre peque durante un tiempo, tal vez incluso cien años, y después sufra indeciblemente por toda la eternidad sin un momento de alivio? Seguramente eso no puede ser misericordia. Pero ¿es incluso justicia?

La Escritura revela este hecho trascendentalmente horrible. De hecho, da a entender que ningún hombre puede concebir realmente lo terrible que es el infierno. «¿Quién puede conocer el poder de su ira?». Consideremos, por tanto, la razón de esta terrible retribución.

En primer lugar, el pecado se comete contra un ser infinito. Manifiestamente, cuando enfurecemos a un ser infinito despertamos una ira infinita. Si su amor es infinito y si la aceptación del mismo traería la vida eterna, Su amor cuando es despreciado debe traer una retribución infinita. Dios es un ser infinito, y necesariamente actúa de modo infinito. En segundo lugar, el infierno no es más de lo que el pecado merece. Cuanta más obligación tiene un hombre de hacer algo, más culpa y retribución incurre al no hacerlo. Así, hacer el mal a la madre de uno es más atroz que hacer el mal a un extraño porque uno tiene más obligación con su madre que con un extraño. Pero si una persona tiene más obligación de amar a su madre que a un extraño, tiene infinitamente más obligación de amar a Dios que de amar a su propia madre. Y si es más reprobable hacer mal a la propia madre que a un extraño, es infinitamente más reprobable hacer mal a Dios que a la propia madre. En tercer lugar, observemos lo que sucede cuando se administra el castigo. Cuando se castiga a los hombres malvados, se resienten en lugar de recibirlo con agrado, pues toman represalias en lugar de arrepentirse; se endurecen en lugar de ablandarse. En consecuencia, deben ser castigados por el pecado de resentir el castigo, y el ciclo continúa necesariamente por toda la eternidad mientras la naturaleza del hombre permanezca como es. Y Dios seguramente conservará la naturaleza del hombre mientras necesite castigarlo.

16

La Religión Bíblica comparada con Otras Religiones

Consideremos ahora el cristianismo en sí mismo y comparémoslo con las demás religiones principales del mundo. Ya que en un capítulo anterior hemos expuesto las doctrinas de la fe cristiana, tal vez convenga examinar estas otras religiones con respecto a algunas de las mismas enseñanzas.

En primer lugar, ¿cómo conciben las religiones del mundo al Ser Divino? ¿El Dios que presentan se corresponde con el Dios revelado en el universo visible —una causa primera personal, inteligente y moral? No, en realidad este Dios sólo se encuentra en las religiones del mundo que derivan de la Biblia. Es decir, las únicas religiones verdaderamente monoteístas son aquellas cuyo monoteísmo procede de la revelación especial de las Escrituras. Estas religiones son el Judaísmo, el Cristianismo y el Islam. El hinduismo es extremadamente politeísta, y su forma filosófica expresada en los Upanishads y el Vedanta es panteísta. El budismo, que representa una reforma del hinduismo, adopta una posición atea. Una reforma aún más tardía, el sijismo, es monoteísta, al parecer debido a su contacto con el islam y el cristianismo. El confucianismo, aunque respeta nominalmente el politeísmo tradicional chino y el culto a los antepasados, puede ser básicamente agnóstico. El sintoísmo es politeísta. Así pues, de las principales religiones del mundo, ninguna ha mantenido una visión sólida de Dios, excepto las que han derivado esa visión directa o indirectamente de la revelación especial de la Biblia.

¿Qué ocurre, en segundo lugar, con la doctrina del hombre que se encuentra en estas religiones? Es obvio que si no hay un Dios personal no puede haber doctrina de la creación. Tampoco puede haber noción de la unidad del hombre si no se basa en la creencia en un Creador común. El politeísmo ha hecho teológicamente posible el sistema de castas del hinduismo y el sintoísmo. El budismo no ha podido evitar una estimación despectiva de la mujer debido a su ausencia de un teísmo sólido. El islam y el judaísmo sostienen una doctrina del hombre parecida a la del cristianismo porque se derivan de la Biblia. Su diferenciación del cristianismo aún no es manifiesta.

¿Cómo llegó el pecado al mundo y cuál es su naturaleza, según las religiones del mundo? El judaísmo tiene el Antiguo Testamento con su relato primario (Gn 3) del origen del pecado, pero sin la profunda interpretación de Pablo en Romanos 5:12-21. Para el judaísmo, el Génesis es el primer relato del pecado. Para el judaísmo, el Génesis no es más que el ejemplo de una pareja que comete pecado. La tradición ha tendido a sustituir a la Escritura como criterio significativo en relación con el cual se define el pecado, cuya deficiencia es que la tradición es palabra de hombre y no Palabra de Dios. En general, el judaísmo mantiene una visión superficial del pecado, pensando sólo en las transgresiones externas y no en la corrupción interior.

Con el cristianismo, el islam coincide en que Adán fue el primer pecador, que sus pecados y los de los demás se definen en relación con la voluntad de Dios, y que el pecado acarrea el juicio divino ahora y en el más allá. Aparte de estas semejanzas, la doctrina musulmana es radicalmente diferente. En primer lugar, el criterio de la virtud, la voluntad de Dios, es arbitrario. En segundo lugar, Dios mismo quiere el pecado en un sentido no cualificado de la palabra, de modo que el hombre que peca no es un agente moral libre. Además, el primer hombre que pecó no sufrió una corrupción de su naturaleza ni tampoco sus descendientes. Por lo tanto, la raza sigue a Adán en el pecado meramente por imitación. Por último, la paga del pecado no es la muerte, ya que Dios puede perdonar el pecado sin expiación y, de hecho, el destino del hombre depende de la voluntad de Dios, independientemente del demérito.

Para el hinduismo, en última instancia, el pecado carece de significado real. Los dioses cometen ciertas maldades y son alabados por ello. El hombre, en cambio, puede renacer por sus buenas o malas acciones. Puesto que el renacimiento en sí es la desgracia, independientemente de la condición resultante, el pecado parece esencialmente lo mismo que la virtud. El ideal parece ser, no la ausencia de malas acciones, sino la ausencia de cualquier acción (nirvana). La noción hindú de pecado está presente en el budismo de una forma más desarrollada. Todo deseo es malo precisamente porque requiere el renacimiento. No sólo los malos deseos, sino el deseo como tal es pecado. Gautama prescribía ciertas cosas que se debían y no se debían hacer, pero sólo se trataba de virtudes y vicios relativos, por los que uno se encontraba en una posición más o menos favorable para liberarse del deseo. En el sijismo también tenemos la misma concepción básica del karma, aproximadamente, las leyes de la retribución y la transmigración de las almas tras la muerte a otra forma de existencia, con su noción implícita del pecado. El confucianismo considera al hombre bueno por naturaleza. Si respeta la ley moral, puede seguir siéndolo. La educación le lleva a conocer y respetar la ley moral. Algunos pensadores confucianos se toman muy en serio la noción de pecado, pero la doctrina predominante siempre ha sido otra. El taoísmo se ocupa muy poco de la ética y, por tanto, no tiene una noción clara del pecado. En las primeras fases del sintoísmo parece haber existido una conciencia del pecado comparable a la de la religión primitiva. Pero en los tiempos modernos, el bien y el mal se definen en relación con la voluntad del Emperador. Por lo tanto, en vano buscamos en las religiones del mundo una explicación adecuada de la naturaleza y el origen del misterio de la iniquidad.

El elemento más vital de cualquier religión es su plan de salvación. El judaísmo moderno, a pesar de la elaborada exposición en el Antiguo Testamento del principio de que «sin derramamiento de sangre no hay remisión de pecados», carece de una doctrina de expiación sustitutiva. El hombre debe salvarse a sí mismo. La teología judía es tan incruenta como la observancia moderna de la Pascua. En el Islam, el pecado se define arbitrariamente y se cancela con la misma arbitrariedad. Dios puede hacerlo sin satisfacer la justicia y la santidad de su ser; de hecho, puede perdonar sin el arrepentimiento del pecador. El Islam insiste en que no puede haber expiación vicaria.

Las limosnas y cosas similares expían los pecados.

El hinduismo tiene una doctrina de salvación o liberación de la conciencia, más que del pecado. La liberación tiene lugar cuando el alma llega a reconocer, no a alcanzar, su unidad con el Todo. En la práctica existen dos esquemas estándar de salvación. En primer lugar, el hindú puede salvarse por la fe (*bhakti*) en una de las deidades más teístas (especialmente Ram y Krishnu). En segundo lugar, puede salvarse sabiendo que es uno con el Todo y que todo lo demás es ilusión. En el hinduismo, el hombre sigue existiendo como parte del Todo en el que está absorbido, pero en el budismo pierde toda autoexistencia en el proceso de absorción. Todo deseo debe cesar, por lo tanto, el deseante debe cesar. Este ideal de no-vida lo alcanza el individuo por sí solo cuando vive la buena vida. El budismo Mahayana, especialmente en el Tíbet, ha desarrollado un modo de salvación más teísta. El sijismo enseña la salvación mediante transmigraciones purgatoriales y (mostrando su carácter sincretista) mediante un modo de devoción confiado en la misericordia de Dios. Confucio no tenía ninguna doctrina de salvación. Algunos confucianistas que han sentido la carencia han aceptado la vía del *bhakti* del Buda Amita. El taoísmo enseña la transmigración como un purgatorio de doble sentido; es decir, si el pecador no se purifica, en última instancia será enviado al infierno. En el sintoísmo, los pecados se frotan en una túnica de papel y se llevan al mar. Tal estudio de las religiones del mundo sobre el tema de la salvación subraya el texto de las Escrituras que dice, refiriéndose a Jesucristo, que «no hay otro nombre bajo el cielo, dado a los hombres, en que podamos ser salvos».

¿Qué enseñan las religiones del mundo sobre la santificación y la ética? El judaísmo pone gran énfasis en la ley, especialmente tal como ha sido interpretada y elaborada por la tradición. Se cultiva la oración, pero falta en gran medida la gran dinámica divina en la santificación. El Islam hace hincapié en cinco deberes básicos: la recitación del credo, la repetición de la oración cinco veces al día, el pago de los pobres, el ayuno en el mes de Ramadán y la peregrinación a La Meca. Básicamente es externalista en su concepción de la ética, pero enseña la necesidad de la sinceridad. Está en contra del asesinato, pero justifica la muerte de infieles y apóstatas. Está en contra del adulterio y la lujuria, pero permite cuatro esposas, el concubinato de esclavas y el divorcio fácil. Abunda la sodomía. Está en contra del robo y exige que se le corten las manos al ladrón. En general, el fatalismo musulmán socava la preocupación ética.

Aunque los dioses del hinduismo suelen ser inmorales, esta religión tiene un código que prohíbe la falta de respeto a los padres, la disolución del matrimonio y la ruptura de castas. El sistema de castas es probablemente su mayor mancha moral. Hace hincapié en la veracidad, el respeto a la vida y otras virtudes, pero a menudo de forma extrema. Mientras que el hinduismo más bien toma la vida tal como la encuentra e incluso la idealiza, el budismo condena la vida tal como la encuentra y huye de ella. Parece tolerar las castas, aunque no las aprueba, instando a sus seguidores a abandonarlas y reconocer el principio de igualdad. Aunque el budismo aboga por una reverencia general por la vida, tiene poco interés en ella, siendo básicamente ascético. Prohíbe matar, cometer adulterio, robar, mentir y beber; aboga por la no represalia y hace hincapié en los motivos internos. El sijismo aprecia más la responsabilidad individual, reaccionando contra el efecto amortiguador del *karma* hindú. Con el mismo espíritu, rechaza las castas, pero el sistema dista mucho de estar muerto en su seno. Favorece la monogamia y la abstinencia de la bebida.

El confucianismo sobresale en cuestiones de ética, ya que considera que la religión en sí no es más que moralidad. Su concepto principal es el del superhombre que encarna todas las virtudes. Practica la «regla de plata», la piedad filial y otros deberes por el deber mismo, sin segundas intenciones. Se espera que los gobernantes cultiven la virtud. El taoísmo es el sistema del equilibrio y el poder. La inacción es el ideal; mantiene a la persona en armonía con el Tao e imperturbable ante las circunstancias, como las malas acciones (por las que devuelve el bien) o la guerra (a la que no se vería arrastrado o de la que estaría protegido). A pesar de este ideal relativamente elevado, los sacerdotes taoístas se han distinguido por el vicio. Al igual que los primeros alemanes, los primeros japoneses tenían un conjunto de virtudes naturales. No podían inspirarse en los dioses, que a menudo eran obscenos. Las oraciones tampoco estaban diseñadas para obtener ayuda de ellos, sino que sólo servían para conversar. Durante siglos, el modelo predominante ha sido el Bushido, o código de lealtad feudalista y nacionalista.

Ahora haremos una breve comparación de las enseñanzas de las religiones del mundo con respecto al juicio y al mundo venidero. Un gran número de judíos se han vuelto «liberales» y «reformados» y, por lo tanto, han tendido a acortar el juicio, restringiéndolo en gran medida a este mundo. Los judíos ortodoxos se han mantenido más próximos al Antiguo Testamento y, por tanto, a la visión cristiana ortodoxa. El Islam pone gran énfasis en el día del juicio final. Antes de este acontecimiento, Jesús regresará junto con el Imam Mahdi, el Mesías esperado, y tendrá lugar la resurrección. Las acciones de los hombres serán pesadas en la balanza. Los pesos ligeros (no musulmanes) serán arrojados al infierno para siempre. Los buenos musulmanes estarán en el cielo, los malos en Johannam. El Corán describe vívidamente castigos corporales en el infierno, como beber agua hirviendo. También describe el cielo de forma corpórea, donde los creyentes comen alimentos especiales y tienen la compañía de houris de ojos negros.

El hinduismo ofrece una visión estrictamente circular, no lineal, de la historia. No hay un clímax o un propósito hacia el que tienda toda la naturaleza, sino sólo repeticiones interminables. Se prevén ciclos increíblemente largos de transmigraciones, y se espera que una persona media pase por unas 8,400,000. El cielo y el infierno no son permanentes. Sólo el *karma* permanece, y exige transmigraciones constantes y casi interminables. El budismo dice que «los malhechores van al infierno, los justos al cielo y los que están libres de todos los deseos mundanos alcanzan el nirvana». Pero el cielo y el infierno no son permanentes; tampoco lo es la persona que disfruta de uno o soporta el otro. Aunque Confucio defendía el culto a los antepasados, que más bien implicaba que los espíritus difuntos sobreviven a la muerte, no tenía una escatología explícita. Al igual que era agnóstico sobre los dioses, también lo era sobre una posible vida después de la muerte con ellos. No indagaría sobre la muerte, decía, hasta que no comprendiera plenamente la vida. El taoísmo parece enseñar la doctrina del purgatorio. El alma del hombre va al purgatorio. Si se reforma allí, va al cielo, pero si no, va al infierno. Bajo la influencia china, el sintoísmo llegó a venerar a los antepasados difuntos, que rivalizaban en estima con los dioses. En consecuencia, «el hombre es en esta vida pariente de lo divino y después de la muerte se une a la compañía de los que deben ser reverenciados».

Intentemos hacer una comparación general de las religiones del mundo. Hay varios elementos que tienen en común. Todas tienen algo que decir acerca de Dios, aunque sea muchos, por un lado, o inexistente como persona, por otro. El hombre es visto como un ser moral y personal. Todas las religiones tienen algún sentido de la existencia de la maldad o el pecado. Y del mismo modo dicen algo sobre el problema del pecado y su cura, aunque esta cura sea simplemente «hacer lo correcto». Todas las religiones se ocupan más o menos de la moral y tienen códigos éticos más o menos elaborados y son más o menos elevadas en sus concepciones del deber, especialmente del deber del hombre para con el hombre. Todas, con la posible excepción del confucianismo, que puede considerarse que se basa en la religión china original para suplir esta carencia, dan alguna idea del futuro y hacen algunas sugerencias sobre cómo prepararse para él. En una palabra, todas las religiones son religiosas; es decir, dan una visión, más o menos completa, de este mundo y del próximo en relación con Dios y con el deber del hombre.

Las deficiencias de las religiones del mundo en comparación con el cristianismo son también evidentes. Hemos observado algunas de ellas; podrían señalarse muchas más. Pero aquí no nos preocupan tanto los detalles como las grandes diferencias. En primer lugar, sólo las tres religiones que se derivan directamente de la Biblia tienen una visión adecuada del ser del Dios que se revela en todo lo que ha creado. En segundo lugar, sólo el cristianismo ofrece un relato del origen del pecado que explica realmente la existencia de esta aberración de la que todos los hombres y religiones son conscientes. Asimismo, y lo que es más importante, sólo el cristianismo presenta un plan de salvación que tiene en cuenta la naturaleza de un Dios santo, la profundidad del pecado y la culpa humanas, y la santidad de la ley moral. En cuarto lugar, aunque las religiones del mundo tienen algunos puntos de semejanza con el cristianismo en el ámbito ético, en tres aspectos son notablemente inferiores: su comprensión del deber carece de amplitud e insensibilidad; carecen de una encarnación personal y perfecta del ideal moral; carecen de la dinámica de una persona residente que hace que el mandamiento cobre vida. Quinto, así como las religiones del mundo no tienen una visión adecuada de Dios, de la naturaleza del pecado o de los requisitos de una salvación justa, tampoco tienen una enseñanza adecuada sobre el futuro, ni un sentido adecuado de la naturaleza y la obra del día del juicio, ni un sentido adecuado de la necesidad y lo terrible del juicio del infierno, ni un sentido adecuado de la base o la majestad de las recompensas de un cielo eterno.

Ahora surge la pregunta: ¿Cuál es el destino de los no cristianos? Supongamos que nos enfrentamos a esta pregunta en su forma más aguda, a saber, el destino de los no cristianos que ni siquiera han oído hablar de Cristo.[2]

Sea cual sea su cultura o país, su incredulidad en Cristo es circunstancial; es decir, no han tenido oportunidad de creer. Este hecho plantea la cuestión de su «destino». Si Cristo es el único camino de salvación y estas personas ni siquiera saben de la existencia de Cristo, ¿debemos concluir que no pueden tener salvación estando necesariamente perdidos o condenados? Si están condenados, ¿no es eso injusto e inequitativo de parte de Dios en la medida en que no tienen oportunidad de ser salvos?

Planteemos la cuestión allí donde surge: ¿No es injusto que Dios condene a una persona que no ha tenido oportunidad de salvarse? ¿Por qué lo es? Suponiendo que Dios condene a tales personas, ¿por qué es injusto que lo haga simplemente porque no tienen oportunidad de salvarse? Si estas personas están condenadas, lo están porque son pecadoras; no están condenadas porque hayan tenido la oportunidad de salvarse y no la hayan aprovechado. Su oportunidad, o la falta de ella, no tiene nada que ver con que estén condenados; están condenados porque son pecadores. ¿Qué hay de injusto en que Dios condene a los pecadores? Si Dios los condenó porque no creyeron en el evangelio, podrían protestar legítimamente que no tuvieron la oportunidad de creer en el evangelio; pero, si Dios los condena por

---

[2] La siguiente discusión está tomada de mi artículo, «The Fate of the Heathen», en *A Dictionary of Theology*, Everett Harrison, ed., y reimpreso con permiso de Baker Book House, Grand Rapids, Mich.

otros pecados, ¿qué tiene que ver el hecho de que no cometieron este pecado de incredulidad en el evangelio?

Algunos dirán: Concedido que Dios podría condenar a los hombres por los pecados que han cometido, aunque no oyeron el evangelio y no habría injusticia en eso como tal. Pero ¿no tiene Dios la obligación de ofrecer un camino de salvación a todos? Pero, preguntamos, ¿por qué? ¿Por qué Dios tiene la obligación de ofrecer la salvación a cualquier pecador? La gracia, por definición, es inmerecida. Si fuera merecida, no sería un evangelio; no sería gracia. Si es un evangelio de gracia debe ser inmerecido. Si es inmerecido, ¿cómo puede decirse que Dios se lo debe a alguien?

De acuerdo, responderán algunos, pero en la medida en que Dios (que no le debe el Evangelio a nadie) se lo dio a muchos, ¿no está obligado a ofrecérselo a todos? Pero ¿por qué? Si una persona que no lo merece recibe un don, ¿acaso otra persona que no lo merece tiene derecho a recibir un don? Si tiene derecho a él, ¿sigue siendo un «don» o un «evangelio»? Pero se insiste en que esto hace que Dios haga acepción de personas. Ciertamente lo hace; pero la acepción de personas que la Biblia condena es una acepción injusta de personas. Dios no hace acepción de personas y éste no es un caso de discriminación injusta. Él da un don que no debe; eso no le obliga a dar un don, el mismo don, a todos aquellos a quienes no se lo debe. Hacer acepción de personas, si es una discriminación justa, no es malo. (Cf. la parábola de los obreros, Mt 20, 1 y ss., que habla de este mismo punto). «¿No me es lícito hacer lo que quiero con los mío? ¿O tienes tú envidia, porque yo soy bueno?» (v. 15)

Todo lo anterior es para enfrentar las objeciones que comúnmente se hacen a la doctrina de que los «paganos» están perdidos. Tal es, creemos, la enseñanza de la Palabra de Dios. «La fe viene por el oír, y el oír, por la palabra de Dios» es la enseñanza de Romanos 10:17, en cuyo contexto se argumenta la necesidad de los misioneros. El mundo, mediante la sabiduría, no conoció a Dios, pero a Dios le agradó dar a conocer su sabiduría mediante la locura de la predicación (1Co 1:21). La ira de Dios se revela desde el cielo contra toda la injusticia de los hombres que detienen con injusticia la verdad, pero el Evangelio es poder de Dios para salvación a todo aquel que cree (Ro 1:16-18). Cristo es la luz del mundo. Todo el mundo está en tinieblas hasta que Él lo ilumina (Jn 8:12, 9:5).

No hay bajo el cielo otro nombre dado en que los hombres puedan salvarse que el nombre de Jesús (Hch 4:12). Él es el camino, la verdad y la vida, y nadie llega a Dios si no es por Él (Jn 14:6). Cristo mismo, al enseñar esta doctrina, pone de relieve un aspecto de la verdad que aún no se ha mencionado aquí. En Lucas 12:47, 48 nos dice que el hombre desobediente que no sabe será azotado con menos azotes que el desobediente que sabe. Es decir, que los que no conocen el evangelio son culpables por la luz que tienen y que han transgredido (cf. especialmente Ro 1), pero no son tan culpables como los que han tenido la luz del evangelio, así como la luz de la naturaleza y han pecado contra eso también. Siendo su luz mucho mayor, su dureza de corazón fue mucho más desarrollada al resistirla y su culpa es mucho más grave. Por lo tanto, según Mateo 10:15,

11:22, será más tolerable para Sodoma y Gomorra (que están en el infierno, aunque sólo pecaron contra la luz de la naturaleza) que para Capernaum y Corazín (que están en el infierno con mucha mayor condenación porque han violado una luz tan inmensamente mayor que la que transgredieron los paganos).

En conclusión, tal vez sea bueno citar la observación del gran teólogo bautista, A. H. Strong: «La cuestión de si los paganos se salvarán alguna vez si no les damos el evangelio, no es tan seria para nosotros como la otra cuestión de si nuestras vidas se salvarán alguna vez si no les damos el evangelio». Es decir: Los cristianos tienen la obligación de evangelizar el mundo. Si no participan activamente en ese deber, aunque se pierdan algunas prisiones por su negligencia, perecerán con ellas y con un castigo mucho mayor porque ellos mismos han pecado contra la luz mucho mayor que tienen. En otras palabras, el «destino» de los «paganos» está inextricablemente unido al «destino» de los «cristianos».

17

La Influencia del Cristianismo (I)

Poco antes de su muerte, Jesús dijo: «El que en mí cree, las obras que yo hago, él las hará también; y aun mayores hará». Eran hombres muy corrientes a quienes Cristo, sin duda la persona más extraordinaria que jamás haya aparecido en la historia de la humanidad, dirigió estas palabras. Extraña predicción aquella. Más extraño aún que se haya cumplido. Más extraño aún cómo se ha cumplido.

Si Jesús quiso decir que sus discípulos harían milagros más grandes que Él, ciertamente no ha sucedido. Si es que ha habido milagros de buena fe, en el sentido de acontecimientos realizados en el mundo externo por el poder inmediato de Dios sin el uso de causas segundas, no han sido tan grandes como los del Maestro. Ciertamente, no han sido mayores. Lo más que puede reclamarse es una maravilla de curación aquí y otra allá, generalmente por parte de los hombres menores más que de los hombres mayores de la iglesia. Pero en ninguna parte afirman siquiera multiplicar los panes y los peces. Ninguno marchita higueras. ¿Y quién ha caminado sobre el agua, ha resucitado a los muertos o ha sido resucitado de entre los muertos?

Pero hay un área en la que los discípulos han hecho las grandes obras del Maestro —y obras mayores.

En primer lugar, han hecho obras mayores por

los cuerpos de los hombres. Cuando Cristo pronunció esta profecía, el infanticidio era algo común. Quintiliano y otros consideraban una hermosa costumbre abandonar a los infantes. Fueron los seguidores de Jesús, que había dicho: «Dejad que los niños vengan a mí y no se lo impidáis», quienes pusieron fin a esta «hermosa costumbre». Clemente, Orígenes y Tertuliano, los padres de la iglesia, expusieron su horror. La más débil de todas las criaturas, el infante humano, se convirtió en la mejor protegida de todas a medida que los seguidores de Jesús continuaron hasta extremos mucho mayores la emancipación de la infancia. Como ha escrito James Stalker

> [Cristo] convirtió el hogar en una iglesia, y a los padres en sus ministros; y se puede dudar si por este medio no se ha ganado a sí mismo tantos discípulos en el curso de la era cristiana como por la institución de la iglesia misma.

El asesinato por placer fue erradicado por los discípulos de Cristo. Cuando Jesús pronunció la promesa sobre obras mayores, los romanos consideraban los combates de gladiadores como la más selecta de las diversiones. Y cuanto más sangrienta era la batalla de esclavos o cautivos condenados, más rara era la diversión. Telémaco saltó a la arena para separar a los guerreros, pero sólo consiguió ser apedreado por una turba enfurecida de espectadores para los que no era más que un aguafiestas loco. Por supuesto, era cristiano. Murió, pero los combates de gladiadores murieron con él, ya que la iglesia llevó a cabo obras mayores en este campo que su fundador.

Conviene recordar el contexto en el que se produjeron estas transformaciones. Para hacernos una idea de la contribución del cristianismo a la cultura moral romana en general, basta con recordar lo que era esa cultura en el momento en que el cristianismo llegó a ella.

El Coliseo fue llamado la «reliquia más característica de la Roma pagana». En cada uno de los doce espectáculos ofrecidos por los ediles, de temerosos de lo que revelaría la siguiente eliminatoria, a ver iglesias cristianas y saber que estaban a salvo. Éstas fueron las experiencias que hicieron misioneros a los soldados y produjeron el ahora famoso «punto de vista caqui». Encontraron la iglesia allí donde los discípulos hacían obras mayores que su Señor.

Ya que hablamos de costumbres bárbaras, mencionemos de paso lo que el cristianismo ha hecho por los pueblos bárbaros en general. Christlieb fue uno de los más completos estudiosos de las misiones entre los pueblos primitivos. Nos cuenta, entre otras muchas cosas, lo que Cristo ha hecho por los hotentotes.

Hasta hace treinta años, se podía dudar de que el Evangelio pudiera elevar y sanar a los paganos más degradados, y ser sabor de vida para vida. Pero hoy los portugueses ya no pueden sostener que los hotentotes son una raza de simios, incapaces de cristianizarse. Ya no se puede encontrar escrito en las puertas de las iglesias de la Colonia del Cabo: «No se admiten perros ni hotentotes», como en la época en que el Dr. Van der Kemp luchaba allí por los derechos de los nativos oprimidos. Hoy en día no se puede encontrar a nadie que esté de acuerdo con el gobernador francés de la isla de Borbón, que gritó al primer misionero de Madagascar: «¿Así que va a hacer cristianos a los malgaches? Imposible. Son meros brutos, y no tienen más sentido que el ganado irracional»; ya que hay cientos de congregaciones evangélicas establecidas allí...

Warneck fue otro gran estudioso de las culturas primitivas y del impacto de las misiones en ellas. Sus numerosos estudios e investigaciones sobre el terreno y la literatura le llevaron a esta conclusión: «Es bien sabido que el timbre similar de las palabras 'religión' (el alemán es «Cultus») y 'cultura' no es accidental. Al igual que etimológicamente proceden de la misma raíz, en la esfera de la vida que indican tienen una relación orgánica común». Es decir, la cultura es el producto del cultus. La civilización nunca ha sido producida por otra cosa que no sea la religión. Y no se conoce ninguna sociedad que haya caído en la barbarie que se haya levantado a la civilización excepto por la religión cristiana.

¿Hospitales para enfermos y moribundos? El mundo precristiano no había oído hablar de ellos. Lo más que podía decirse era que, en algunos lugares, había refugios para los náufragos. No pretendemos sugerir que no hubiera personas humanas en la antigüedad pagana. Estaban los nobles estoicos: Epicteto, Cicerón, Aurelio. Sabían dar caridad y la daban, pero no sabían cómo darla. El estoico «se mantiene al margen y piensa qué le aportarán estas obras». Epicteto dice: «Ahora bien, el dolor ajeno no me concierne, pero sí mi propio dolor».

La caridad era conocida, pero difícilmente el amor. Seguramente no el amor ágape, no el amor que da donde no hay mérito y no puede haber esperanza de retorno. En una escala mayor de lo que el Maestro lo había hecho nunca, los discípulos dieron sin dejar que su mano derecha supiera lo que su mano izquierda estaba haciendo. Cicerón escribió:

Debemos sopesar con discernimiento el valor del objeto de nuestra benevolencia; debemos tener en cuenta su carácter moral, su actitud hacia nosotros, la intimidad de su relación con nosotros y nuestros lazos sociales, así como los servicios que nos ha prestado hasta ahora.

Contrasta esto con la caridad cristiana. Como bien ha dicho Storrs:

Los filósofos habían sugerido a veces la soberanía de los sentimientos humanos como un ideal remoto y delicioso; pero lo que uno de sus admiradores ha llamado verdaderamente su «filantropía razonada y sin pasión» no ha tenido poder para consolar el dolor, aliviar el trabajo, confortar a los pobres, inspirar o animar a las almas abatidas. Ahora llegó a la humanidad una ley de caridad que se creía encarnada en Cristo, que sus seguidores acogieron calurosamente y realizaron ardientemente; que buscaba al cansado, al necesitado y al enfermo; que no conocía límites de raza o lengua, que rezaba incluso por el juez que sentenciaba y por el salvaje verdugo cuya espada asestaba el golpe. Cuando el arcediano Laurentius fue requerido por el prefecto de la ciudad por los tesoros de la iglesia (romana), presentó bajo las columnatas a los pobres, los lisiados y los enfermos, a quienes ésta había cobijado y alimentado.

No basta observar que los discípulos de Cristo aprendieron de Él a dar por amor inmerecido y a aliviar así el sufrimiento lastimoso de una humanidad inhumana. Por primera vez en la historia, nos encontramos con un esfuerzo por curar la causa de la necesidad, así como aliviar los efectos de la misma. Ulhorn, tras un extenso estudio de la caridad de la antigua Roma y una mirada al nuevo elemento introducido por el cristianismo, observa que por primera vez en la historia se practicó una caridad sistemática y curativa, una caridad que atendía a la necesidad de un modo que tendía a hacerla innecesaria.

El cristianismo no se ha limitado a atender a los cuerpos de los hombres. Se ha ocupado incluso de los animales. El profesor Addison H. Leitch, del Seminario Teológico de Pittsburgh-Xenia, dice que para él una clara indicación de la relativa superioridad de la cultura cristiana es la comparación de los caballos que vio en Egipto con los de las tierras cristianas. Nunca hemos oído hablar de nada parecido a una Sociedad para la Prevención de la Crueldad contra los Animales fuera de una nación evangelizada. Rogers llama nuestra atención sobre el hecho de que «lo que probablemente sea el primer caso de legislación para su protección se debe a Constantino, quien ordenó que sólo se utilizaran varas ligeras o picas con puntas cortas e inofensivas para los caballos utilizados en el servicio público, y que no se les condujera en exceso (Decreto, 14 de mayo de 316 d.C., P.L. VIIL, Col. 142)».

18

La Influencia del Cristianismo (II)

Los discípulos de Cristo han hecho mucho por los cuerpos de los hombres y de las bestias, pero mucho más por las mentes de los hombres. Tampoco se han olvidado de aquellos cuyas mentes funcionan anormalmente. El primer manicomio, en el sentido propio de la palabra, fue el regalo al mundo de William Tuke, un cuáquero. Antes de eso, el hospital no ignoraba las necesidades especiales de estos desgraciados.

Pero como la mayoría de la humanidad tiene mentes equilibradas, el principal ministerio de la cristiandad ha sido para éstos. En general, la educación es, como se ha dicho a menudo, la sierva de la religión. Donde la iglesia ha ido, la escuela siempre la ha seguido, ocasionalmente la ha precedido. Los norteamericanos, especialmente, saben que todas las escuelas de enseñanza superior en la costa colonial y, en general, en todas partes han sido establecidas, en primera instancia, por la iglesia. Hay una excepción aparente. La Universidad de Pensilvania no fue fundada por la iglesia, sino que surgió en gran medida gracias a los esfuerzos de Benjamin Franklin. No obstante, conviene recordar que, incluso en este caso, el fundador reconoció que el impulso para la construcción de la academia original procedía de su amigo evangelista George Whitefield.

Ya no era necesario que la iglesia fomentara las

escuelas cuando el estado, que en gran parte se nutría de la iglesia, despertó a sus responsabilidades. Y así, ahora son laicas muchas escuelas que antes eran mantenidas por la religión. Sin embargo, es significativo ver que la iglesia cristiana en todo el mundo mantiene tantas escuelas como iglesias incluso hoy en día.

¿Y qué pasa con los «miles de millones silenciosos» —aquellos que no pueden expresar sus necesidades y demandas porque no saben leer ni escribir? ¿Qué pasa con la otra mitad analfabeta? ¿Quién les enseña a leer, a escribir y a expresar sus deseos? Todo el mundo conoce el nombre de Frank Laubach y su famoso método «cada uno enseña a otro». Pero ¿sabe todo el mundo que el amor de Cristo le obliga a prestar este gran servicio a la humanidad? ¿Y sabe todo el mundo que sus principales agentes, no remunerados, son los lejanos misioneros de la cruz?

Desde las invasiones bárbaras hasta nuestros días, los discípulos de Cristo han estado construyendo escuelas para las mentes de los hombres. Pero no menos importante que dar a los hombres escuelas a las que asistir es darles razones para asistir. No es suficiente tener un lugar para estudiar si no hay incentivo para el esfuerzo mental, que es ciertamente un «cansancio para la carne». Es mucho más importante, por tanto, aunque mucho menos llamativo, que la iglesia haya dado no sólo lugares en los que estudiar, sino una razón para estudiar.

¿Cuál es la razón cristiana para estudiar? Como dice el Catecismo de Heidelberg, «la naturaleza es el libro de Dios». A los niños de primaria de las escuelas cristianas se les enseña que la historia es «su historia». La psicología estudia las leyes de la mente que Él ha creado, y la literatura las obras del genio que Él ha dado a toda la humanidad. El cristianismo sólo conoce dos fuentes de conocimiento: la revelación especial y la común. La revelación especial es la revelación sobrenatural que Dios ha hecho de sí mismo y de su redención en la Biblia. La revelación común es la revelación natural que Dios ha hecho de sí mismo en la constitución ordinaria de la naturaleza y de los asuntos humanos. Ambas son revelaciones de Dios y por Dios. Ambas conducen al conocimiento de Dios. Si esto es así, ¿qué cristiano no estará dispuesto a estudiar?

Algún psicólogo ha afirmado que la persona media no utiliza más del 10% de su potencial de inteligencia. El problema de fondo de todos los problemas es, por tanto, cómo conseguir que los hombres utilicen la capacidad que Dios les ha dado para resolver problemas. La seguridad de que el hombre tiene el privilegio y el deber de pensar los pensamientos de Dios según Él, ¿no es suficiente incentivo para nadie? ¿Y ha habido alguna vez alguien intelectualmente perezoso que haya creído así sinceramente? La verdadera religión, lejos de ser una mera actividad de las emociones, es la más poderosa inducción posible al raciocinio.

Consideremos, por otra parte, el efecto de la incredulidad sobre la erudición. Supongamos, por ejemplo, que la generalidad de los hombres creyera que las ciencias exactas no son más que juegos (Abel), que nada vale la pena excepto el arte, el sexo y algunos otros placeres tangibles (Dreiser), y que el principio y el fin del pensamiento es la desesperación completa e inquebrantable (Bertrand Russell). ¿Seguirían yendo a la escuela? El mundo haría novillos. Los hombres pueden estudiar si no saben desde el principio que la búsqueda les llevará a un callejón sin salida, o pueden estudiar aunque sea intelectualmente poco gratificante pero económicamente remunerador. Pero ¿por qué estudiar si no? No es sólo, como dijo Agustín, que el corazón humano esté inquieto hasta que encuentre su descanso en Dios, sino también la mente humana.

Podríamos llenar este volumen y muchos más con sólo enumerar sin comentarios los nombres de los grandes pensadores del mundo que han sido motivados por el Evangelio. Todo el mundo conoce la famosa declaración de Kepler de que él, en su investigación astronómica, estaba simplemente pensando los pensamientos de Dios después de Él. Jonathan Edwards, considerado por muchos como la mejor inteligencia que ha producido Estados Unidos y cuya *Investigación sobre la libertad de la voluntad* se considera a menudo el mejor escrito puramente lógico que existe, fue intelectualmente un esclavo de la Biblia. El célebre descubridor francés de las bacterias estaba una vez inclinado sobre su microscopio cuando entró su ayudante y, suponiendo que estaba rezando, el ayudante empezó a salir de la habitación de puntillas. Cuando Pasteur le oyó y levantó la vista, el ayudante le dijo que lo sentía; había pensado que el Dr. Pasteur estaba rezando. Pasteur contestó, «Estaba rezando». Sir Alexander Fleming, el descubridor de la penicilina, comentó una vez que el carácter casi accidental de su descubrimiento no le había recordado tanto como la doctrina de la coordinación divina en la que se había criado en su hogar escocés.

Y mayores obras que éstas han hecho los

discípulos de Cristo por las almas de los hombres. Primero, su evangelio ha limpiado la culpa de las almas de los hombres. La culpa está escrita a lo grande en los corazones de los hombres, una culpa sentida hacia alguien más grande que la persona finita contra quien se ha cometido inmediatamente la ofensa. «Contra ti y sólo contra ti he pecado». Los hombres que niegan la existencia misma de Dios con sus labios parecen temblar ante Él en sus corazones. Como escribe Calvino, «los más audaces despreciadores de Dios se alarman hasta por el ruido de una hoja que cae». Así tenemos el fenómeno bastante familiar de que los impíos se vuelven agudamente conscientes de sus pecados cuando suponen que la muerte está sobre ellos. A un personaje de una de las novelas de Ernest Hemingway —un tipo especialmente inmoral— se le pregunta si nunca piensa en Dios. La respuesta es que lo hace a veces —en mitad de la noche, cuando le despierta una tormenta. El predicamento, que todos parecen compartir con Lady Macbeth, de ser incapaces de lavar la maldita mancha de la culpa, yace en la base de todas las penas del hombre. No se puede negar la realidad de esta conciencia de culpa ni su importancia. La mancha maldita está ahí y no saldrá hasta que el Evangelio lo diga:

Hay una fuente sin igual
La sangre de Emanuel
En donde lava cada cual
Las manchas que hay en él

Es un hecho repetido mil millones de veces que cuando el pecador cargado con su peso de culpa alcanza a ver la cruz, experimenta la misma liberación que conoció el peregrino de Bunyan —sus cargas ruedan de su espalda para desaparecer para siempre.

El Evangelio de Cristo ha traído no sólo la limpieza de la culpa, sino también el poder en lugar de la debilidad. Leemos en muchos volúmenes de sociología, psicología y educación que la principal necesidad de nuestro tiempo se encuentra en el área de la motivación. Oímos a un filósofo decir lo siguiente: «Si pudiera pensar siempre lo que es verdad y hacer lo que es correcto, estaría dispuesto a que me convirtieran en una especie de reloj». Un educador comenta: «Necesitamos a alguien que pueda hacer que la virtud sea más atractiva que el vicio». Innumerables estadistas hablan como éste: «Nuestra mayor necesidad es teológica».

Todo esto lo sabemos desde hace mucho tiempo, pero cuando cayó la bomba atómica, la verdad pareció retumbar en nuestros oídos: «El hombre espiritual no está a la altura del hombre mecánico»; «Tenemos un hombre que puede hacer una bomba, ¿dónde podemos encontrar a alguien que pueda hacer un hombre?». La democracia es un gran ideal, pero ¿quién puede hacer que el ideal funcione? Lo correcto es lo correcto, pero ¿quién puede hacer que una persona siempre ame y haga lo correcto?

Harold Begbie, el famoso autor del estudio documental sobre los barrios marginales de Londres, Twice-Born Men, da este testimonio:

Cuando visito los hogares felices, y experimento la dulzura y el refinamiento de aquellos cuyas historias de vida aparecen en este libro, y los comparo con la miseria y la miseria de la gran mayoría de los hogares que los rodean, me asombra que el mundo sea incrédulo acerca de la religión, y que la legislación sea tan insensata como para intentar hacer laboriosamente mediante promulgaciones, torpes y lentas, lo que la religión podría hacer instantánea y fácilmente si tuviera toda la fuerza de la comunidad a su favor.

El escritor de este libro nunca ha vivido en un barrio pobre, pero tiene el mismo testimonio. Sólo de sí mismo es egoísta, lujurioso, orgulloso, perezoso, codicioso, necio, vicioso, vanidoso, engañoso... Sabe que la única razón —la *única* razón— por la que no es así todo el tiempo y por completo es Jesucristo. Sabe que si alguna vez es sinceramente altruista, siempre sano, siempre humilde, siempre trabajador, siempre generoso, siempre sabio, siempre amable, siempre sobrio, siempre honesto... es por Jesucristo y sólo por Él. Y sabe que hay millones de personas en el mundo que son como él y darían exactamente el mismo testimonio.

Y él os dio vida a vosotros, cuando estabais muertos en vuestros delitos y pecados, en los cuales anduvisteis en otro tiempo, siguiendo la corriente de este mundo, conforme al príncipe de la potestad del aire, el espíritu que ahora opera en los hijos de desobediencia, entre los cuales también todos nosotros vivimos en otro tiempo en los deseos de nuestra carne, haciendo la voluntad de la carne y de los pensamientos, y éramos por naturaleza hijos de ira, lo mismo que los demás. Pero Dios, que es rico en misericordia, por su gran amor con que nos amó, aun estando nosotros muertos en pecados, nos dio vida juntamente con Cristo...

Y los evangelistas de Cristo han llevado la alegría

al corazón de los hombres. La sinfonía de este mundo está escrita en clave menor. Quizá no sea casualidad que, mientras Aristóteles ha sido aceptado como definidor satisfactorio de la tragedia, nadie haya sido capaz de decir qué es la comedia. Conocemos mejor la tragedia que la comedia. Los alemanes tienen una palabra para designarla —*Weltschmerz*— que todo el mundo entiende. El gran filósofo Schopenhauer, confundido con un vagabundo en un parque de Berlín, fue reprendido por un policía que le preguntó. «¿Quién te crees que eres?». Tristemente respondió, «Ojalá lo supiera». Un desconocido, filósofo por derecho propio, dijo esencialmente lo mismo. Preguntado por qué bebía tanto, respondió, «Para salir de Hoboken durante dos horas». Pero no es de Hoboken de donde los hombres quieren escapar. Sus corazones son sus Hobokens; no quieren estar solos con sus propios corazones. Y así se hacen felices haciéndose inconscientes de su dolor —por un tiempo.

Hace falta un Shakespeare para describir las miserias de los hombres, pero hace falta un Cristo para soportarlas. «Venid a mí todos los que estáis fatigados y cargados, y yo os haré descansar. Aprended de mí, que soy manso y humilde de corazón, y hallaréis descanso para vuestras almas».

El argumento de la alegría es uno de los mayores argumentos a favor del cristianismo. Es invulnerable y abrumador. Nadie que profese conocer a Jesucristo como su Salvador y Señor negará que es feliz —profundamente feliz, bienaventurado. Sea rico o pobre, sea talentoso o mediocre, esté enfermo o bien, viva o muera, si está en Cristo Jesús, dirá con Pablo, «Alégrense, y otra vez digo alégrense». Tan impresionado quedó el Dr. Wilbur Smith con este argumento del gozo que en su *Therefore Stand* lo situó junto a la resurrección de Cristo como un hecho fundamental que certifica la divinidad de la religión cristiana. Escucha las voces de los hombres redimidos:

Bernardo de Claraval:
Jesús, el solo pensamiento de Ti con dulzura llena mi pecho. . .

Robert Robinson:
Ven, fuente de toda bendición, afina mi corazón para cantar tu gracia;
Corrientes de misericordia, que nunca cesan, Llaman a cantos de alabanza.

John Keble:
Sol de mi alma, Tú Salvador querido, No es de noche si Tú estás cerca. . .

Isaac Watts:
¡Ay! ¡y sangró mi Salvador, y murió mi Soberano!
Dedicaría esa sagrada cabeza ¡Por pecadores como yo!

19

El Argumento de la Experiencia

Al llegar al argumento de la experiencia, primero debemos comprender qué es la experiencia. Se han dado más de doscientas definiciones de este elusivo concepto. No nos corresponde aquí entrar en una discusión técnica, sino simplemente establecer una definición de trabajo que sea sólida, aunque no exhaustiva.

Hablando en términos muy generales, la experiencia es una reacción no física a las ideas, una reacción que puede o no tener consecuencias físicas. No vamos a plantear la cuestión de si existen estímulos físicos que produzcan respuestas físicas sin ideas intermedias. Se trata más bien de la variedad de experiencia que es una reacción a alguna noción o idea. Concretamente, cuando leemos que un joven militar se lanza a través de una multitud de espectadores para rescatar a tres hombres heridos en un coche volcado y en llamas, el hecho nos viene a la mente en forma de concepto o noción o idea o comprensión. Es propio de la naturaleza humana que cuando estas ideas entran en su mente, no se detienen ahí. Producen una respuesta interior. La respuesta puede variar con los individuos o con el mismo individuo en diferentes momentos. El factor invariable es la invariabilidad de la respuesta. Es decir, nadie puede ver el acontecimiento al que nos hemos referido, oír hablar de él, leerlo o conocerlo por cualquier medio sin tener una respuesta. La respuesta puede ser de admiración, lástima o desprecio; o puede ser desprecio al principio y convertirse en admiración después; o puede ser desprecio en una persona y admiración en otra. Pero en todas las personas habrá algún tipo de respuesta. Esta respuesta suele denominarse sentimiento o emoción.

El sentimiento o la emoción dependen de la idea, pero no son idénticos a ella. Si una persona no tiene una idea, no tiene sentimientos. El sentimiento es una respuesta a una idea. Este sentimiento es experiencia en el sentido estricto de la palabra, el sentido que nos ocupa ahora.

Las emociones o sentimientos son de dos clases, agradables y desagradables. Es bueno para un hombre aquel sentimiento que, en una situación dada, tiende a aportarle el beneficio más verdadero y duradero. Un sentimiento agradable no es necesariamente bueno para él; un sentimiento desagradable no es necesariamente malo para él. El valor del sentimiento depende de la situación del hombre que lo tiene.

Por ejemplo, que un hombre tenga la agradable emoción de la alegría cuando está peligrosamente enfermo puede no ser bueno para él. Debido a tal sentimiento en tal momento y con respecto a tal condición, puede descuidar el cuidado de su enfermedad y morir. En cambio, puede ser bueno para el hombre tener el desagradable sentimiento del miedo. El miedo le llevaría a preocuparse, lo que le haría tratar su enfermedad y posiblemente curarla.

De la ilustración anterior puede deducirse que los sentimientos no tienen carácter propio, sino que dependen exclusivamente de su relación con otras cosas. No sería correcto llegar a esa conclusión. En efecto, los sentimientos están relacionados con otras cosas que influyen claramente en su valor. Sin embargo, los sentimientos también tienen un carácter y una importancia propios. Así, es bueno, en igualdad de condiciones, que un hombre tenga alegría y no miedo. El miedo en sí mismo tiende a destruir al hombre física y mentalmente, mientras que la alegría es un medio apropiado para vivir una vida buena y adecuada. El miedo es una desventaja, pero puede estar justificado en un caso dado si previene una desventaja mayor, conduciéndolo a uno a un curso de acción que eliminará tanto el peligro como el miedo y, en última instancia, traerá alegría. De modo que el único valor positivo de un sentimiento como el miedo es como función de la alegría o como camino indirecto hacia la alegría o como forma de evitar un alejamiento aún mayor de la alegría.

Veamos ahora cuál es la relación de estos sentimientos con el cristianismo, o la relación del cristianismo con estos sentimientos. El cristianismo produce diferentes sentimientos en diferentes personas y diferentes sentimientos en la misma persona en diferentes momentos. ¿Son estos efectos del cristianismo los correctos o los incorrectos? Si son los correctos, entonces tenemos un argumento de la experiencia, porque es razonable que el Dios que hizo a los hombres hiciera las cosas que se adaptaban a la condición de los hombres que hizo. Por tanto, si estos efectos experienciales del cristianismo se ajustan a los estados de los hombres, tenemos la confirmación de que proceden de Dios. Si no son adecuados, la indicación es que no proceden de Dios.

En primer lugar, el efecto del cristianismo sobre

el hombre tal como es ahora, antes de que le suceda algo como la conversión, es aterrador. El evangelio le dice, en palabras de Jesús, «si no os arrepentís, todos pereceréis igualmente». Le advierte que «huya de la ira venidera». «La paga del pecado», advierte la Biblia, «es la muerte». «El camino de los impíos perecerá». Dios llama a los hombres de todo el mundo a arrepentirse, porque ha señalado un tiempo para juzgar al mundo por el hombre Cristo Jesús, a quien resucitó de entre los muertos. «Está establecido para los hombres que mueran una sola vez, y después de esto el juicio». Confirma las conciencias de los hombres que Dios es un Dios santo, de ojos más puros que para contemplar la iniquidad, que de ningún modo exculpará al culpable. «Todo lo que el hombre sembrare, eso también segará». Esto claramente perturba la paz de la mente, y la Biblia advierte específicamente contra la paz mental que no se basa en una nueva mente en Cristo. Deplora a los que claman «paz, paz, cuando no hay paz», y dice, por medio de Amós, que el día de luz que los hombres esperan va a ser un día de tinieblas.

Un sentimiento como el miedo no es bueno en sí mismo. Es desagradable, incómodo e inadecuado para la propia existencia del hombre, como ya hemos dicho. Pero cuando el hombre está expuesto a un peligro tal como el juicio del Dios santo, el temor es el sentimiento que más desesperadamente necesita. Cuanto mayor sea su temor, mejor será para el hombre. Por otra parte, sentir alegría en tales circunstancias sería la peor experiencia posible. El miedo, aunque inoportuno, es apropiado y sano; la alegría, aunque bienvenida, sería espuria e insana. Su miedo se basa en hechos y puede tener consecuencias favorables; su alegría se basaría en una ilusión y le llevaría a la ruina.

El miedo puede ser paralizante. Leemos de víctimas de las antiguas hordas de Gengis Kan que se sintieron tan atemorizadas por los bárbaros que toda su resistencia se derritió, y se sometieron voluntariamente al exterminio. Ahora bien, el terror del Señor es infinitamente más terrible que el de cualquier hombre. Entonces surge la pregunta de si este temor que la seria consideración del cristianismo engendraría en el corazón de un ser racional pero caído no es también, y aún más, paralizante y por lo tanto destructivo en lugar de útil.

El hecho es que el cristianismo sería paralizante si no contuviera nada más que esta premonición de la fatalidad. Pero no es así en absoluto. La advertencia no es más que un preludio del mensaje cristiano, una introducción, un punto de contacto. «No he venido», dijo Cristo, «a condenar al mundo, sino para que el mundo se salve por mí». El cristianismo es un Evangelio, es una buena noticia. Que los hombres perecerán para siempre si viven y mueren en sus pecados no es una noticia, y ciertamente no es una buena noticia. Pero el cristianismo es una proclamación de que «tanto amó Dios al mundo que dio a su Hijo unigénito para que todo el que crea en él no perezca, sino que tenga vida eterna». Este Evangelio habla de la gracia, o favor inmerecido, por el que un Dios que no tenía ninguna obligación para con ningún hombre, excepto la de condenarlo, ofreció en su lugar sólo amor puro y desinteresado, entregando a su querido Hijo para que sufriera los tormentos de los condenados. Por eso el arrepentido puede decir, por la fe, «estoy seguro de que ni la muerte, ni la vida, ni ángeles, ni principados, ni potestades, ni lo presente, ni lo por venir, ni lo alto, ni lo profundo, ni ninguna otra cosa creada podrá separarnos del amor de Dios, que es en Cristo Jesús Señor nuestro».

Así pues, el cristianismo produce el sentimiento propio de un hombre no convertido —el temor absoluto. Pero al mismo tiempo no es un temor paralizante, porque el Evangelio le ofrece la esperanza, no sólo de escapar de una condena justa e inminente, sino de una vida y una bienaventuranza tan infinitas y gloriosas como infinito e impresionante es el terror del Señor.

Pero considere la alegría de la persona que se arrepiente y cree en este evangelio. Sus cargas ruedan de su espalda. Encuentra descanso para su alma. Hay paz. El amor fluye a través de su ser. Estas son emociones placenteras y son eminente y manifiestamente adecuadas para la existencia perfecta de un ser humano. No son engañosas, basadas en la ignorancia, sino reales, basadas en la verdad. El inconverso puede gritar «paz, paz» (e incluso lograr inducir la sensación de ello), pero no hay paz real. Sin embargo, cuando los reconciliados gritan «paz», dicen la verdad. El deseo no es padre del pensamiento; la verdad es padre de la experiencia.

Aquí hay un peligro manifiesto. Supongamos que alguien se imagina que diciendo que cree esto, puede tener una salida fácil a todos sus temores. ¿Qué impide que los hipócritas se aprovechen plenamente del Evangelio y se aseguren una paz fácil basada aparentemente en la verdad? El propio Evangelio lo impide. Advierte solemnemente a los hombres que aquellos que simplemente fingen arrepentirse, están expuestos a la ira de Dios aún más que aquellos que son exteriormente malvados sin pretensiones que aumenten su culpa. Ay de los que están «tranquilos en Sion». Los que expulsan a uno de esos demonios sólo hacen lugar para otros siete.

Así, en el cristianismo se encuentran todas las precauciones contra la apariencia de una fe falsa y una seguridad engañosa. Los hombres deben examinarse a sí mismos si están en Cristo Jesús o si son réprobos (2Co 13:5).

Pero tan pronto como notamos que un peligro es cuidadosamente marcado por el cristianismo, nos preguntamos acerca de su opuesto. Concedido que nadie puede llegar a una seguridad superficial si sigue las reglas de la fe cristiana. Concedido que la Biblia requiere que los hombres se examinen a sí mismos y trabajen en su propia salvación con temor y temblor. ¿No tenderá esta humillación del espíritu a producir una introspección morbosa en los cristianos serios? ¿No estarán siempre arrancando la nueva planta para averiguar si está creciendo? ¿No les acechará el temor de no ser verdaderamente cristianos? En otras palabras, ¿no hará el cristianismo a los cristianos, de entre todos los hombres, los más miserables? Y ¿cuánto más cristianos se hagan, más desgraciados se volverán? Y así, ¿no será la experiencia cristiana una experiencia muy triste?

No, el cristianismo también ha salvaguardado contra ese peligro, y de manera maravillosa. Asegura a la persona que, si tiene fe como un grano de mostaza, podrá mover montañas. No se requiere una fe perfecta y fuerte para la seguridad, sino el mínimo. El cristianismo ordena a la persona no ser menos que perfecta, pero le asegura, al mismo tiempo, que si no alcanza este ideal mientras se esfuerza por conseguirlo, Dios tiene la gracia de perdonar sus pecados y, mediante la sangre de Cristo, limpiarle de toda maldad. Jesús reprendía constantemente a sus discípulos por tener poca fe. Les llamaba niños y les decía que había muchas cosas que les habría dicho pero que no podían soportar. Todo esto eran reprimendas, sin duda, pero eran las reprimendas de un padre amoroso cuyos hijos sabían que eran amados. Así es siempre con Cristo. Él exige el discipulado más completo. Si alguien quiere seguirle, debe tomar su cruz y seguirle hasta la muerte. Pero, al mismo tiempo, si el corazón del discípulo es recto y se esfuerza verdaderamente por ser discípulo, el Maestro es muy sensible a sus debilidades. Así es posible que un cristiano tenga la seguridad del favor de su Salvador sin la menor tentación de presumir de ese favor o de creer que puede contar con él mientras deja de esforzarse por una obediencia perfecta. Así, el cristianismo da el imperativo moral más exigente, produce la humildad más profunda y, al mismo tiempo, proporciona la mayor seguridad posible.

Todo lo que hasta ahora se ha mencionado de la experiencia cristiana es la experiencia del cristiano que fluye de una sana comprensión de la verdad cristiana. Nada se ha dicho aún de la experiencia que brota de la comunión con una persona. Pero éste es el corazón de la experiencia cristiana. No la alegría que fluye de la obediencia a los principios, sino la alegría que brota del interior por la inhabitación del Señor de la vida mismo. Jesús se representa a sí mismo como si estuviera a la puerta del corazón de un hombre y ofreciera entrar y cenar con él (Ap 3:20). Promete que no sólo Él, sino también el Padre, vendrá y vivirá en el corazón del creyente. Promete que nunca dejará ni abandonará al siervo que sea fiel a su mandato. Dice a los hombres que Él es el pan de vida, del cual el que come, nunca más tendrá hambre; que Él es el agua de vida, de la cual el que bebe, nunca más tendrá sed. Promete ser para las almas creyentes como una fuente de agua que brota para vida eterna. Dice a sus discípulos que deben comer su carne y beber su sangre si quieren tener vida. Con este símil deja muy claro que Él mismo estará unido al alma de los verdaderos creyentes. Se compara a sí mismo con la vid en la que están injertados sus discípulos y de la que reciben su vida y vitalidad.

El apóstol Pablo explica la intimidad y vitalidad de esta unión del cristiano con Cristo. «Porque para mí», dice, «vivir es Cristo» (Fil 1:21). Es decir, Jesucristo habitando en él se convirtió en el principio de su vida, su motivación. Aunque su propia individualidad no fue de ningún modo destruida, fue ciertamente transformada, de modo que no fue su viejo yo pecaminoso la base de su motivación, sino el Cristo vivo dentro de él. En la carta a los Gálatas expresa la misma verdad con mayor profundidad. «Con Cristo estoy juntamente crucificado, y ya no vivo yo, mas vive Cristo en mí; y lo que ahora vivo en la carne, lo vivo en la fe del Hijo de Dios, el cual me amó y se entregó a sí mismo por mí» (2:20). Habiendo sido crucificado o destruido con Cristo, de tal manera que seguía viviendo, de un modo totalmente nuevo y diferente. El Cristo que murió por él vivía ahora en él. Y la vida que vivía, por así decirlo, era la expresión a través de él del Cristo que era el fundamento de su vida nueva y verdadera. Toda su vida era fe en el Hijo de Dios. Por eso, para él, la muerte era una ganancia, porque le aseguraba una manifestación aún más plena de la presencia de Cristo, que ahora, en menor medida, seguía siendo su vida misma y toda su alegría.

Lo que hace más gozosa la experiencia cristiana no es lo que es, sino lo que todavía ha de ser. «Todo esto y también el cielo». «Nos alegramos en la esperanza de la gloria de Dios» (Ro 5:2). Los cristianos anticipan con confianza su plenitud de gozo en el mundo venidero. Jonathan Edwards ha escrito que la alegría del mundo venidero trasciende tanto la alegría de este mundo que, en comparación, éste parecerá al santo un verdadero infierno; del mismo modo que la angustia del mundo venidero será tan terrible para el malvado que este mundo presente le parecerá entonces el cielo.

Incluso la anticipación de esta alegría es alegría. El mero hecho de pensar en las maravillas del cielo es agradable en sí mismo. Llena el alma de asombro y bienaventuranza. Es un anticipo, como si el cielo enviara mensajeros para preparar a los hombres para los esplendores del mundo invisible. El comunismo siempre se burla del cristianismo enseñando a sus seguidores que habrá «pastel en el cielo dentro de poco». Es cierto que el cristianismo enseña que habrá recompensas en el mundo venidero, pero enseña más que eso. Enseña que hay «pastel» para el cristiano aquí y ahora. La experiencia cristiana es una realidad presente. Los creyentes poseen ahora una paz que sobrepasa todo entendimiento, un gozo que el mundo no puede dar ni quitar, una comunión con el Señor de gloria que brilla más y más hasta el día perfecto. Al mismo tiempo que el cristiano no tiene que esperar hasta la muerte para entrar en el gozo de su Señor, sabe que al morir entrará mucho más plenamente en ese gozo.

20

El Testimonio de los Mártires

Nada prueba con tanta certeza el apego de un hombre a una cosa como su disposición a morir por ella. «Piel por piel», dijo Browning, «todo lo que un hombre tiene lo dará por la vida». «Nadie tiene mayor amor que el que da la vida por su amigo», dijo Jesús. Es evidente que la posesión más preciada que tiene un hombre es él mismo. Él es más que sus posesiones, y si da su vida, eso es evidencia prima-facie de que el fin por el cual la da es de supremo valor para él. Un hombre puede dar su vida por algo que es realmente insignificante, pero no puede dar su vida por algo que le parece insignificante. Hacerlo demostraría que es un ser no racional, o algo distinto de lo que es.

Sin embargo, como hemos insinuado, aquello por lo que un hombre da su vida no es necesariamente valioso. Puede que sólo le parezca valioso en ese momento. En sí mismo puede ser insignificante; de hecho, puede ser pecaminoso. Por ejemplo, hay muchas razones para creer que algunas personas se han dado a sí mismas por su orgullo. No les importa que otras personas les digan lo que tienen que hacer; prefieren morir antes que permitirlo. Hacer lo que quieren les parece más importante que la cosa en sí. Si no pueden hacer lo que quieren, no harán nada. Diríamos que esta actitud es propia de un niño malcriado, pero lo cierto es que tiene sus mártires. «Nadie me va a decir lo que tengo que hacer» no es esencialmente una actitud correcta; hay muchos casos en los que otros deben decirnos lo que tenemos que hacer. A los niños deben decírselo sus padres; a los alumnos, sus profesores; a los soldados, sus superiores. Puede estar bien que no permitamos que otra persona nos diga que hagamos ciertas cosas; de hecho, puede que tengamos que negarnos aunque la negativa implique la muerte. Pero entonces no nos negamos porque «nadie me va a decir lo que tengo que hacer», sino porque lo que se nos ordena es moralmente incorrecto. Hay una gran diferencia, la diferencia entre una base inteligente para el martirio y un complejo de bebé malcriado. Pero cada uno ha tenido sus mártires.

Incluso la muerte por la religión no es necesariamente virtuosa. Es decir, algunos pueden morir en nombre de la religión y no tener nada de ella. Pueden dar sus cuerpos para ser quemados y no tener amor. ¿Para qué mueren esas personas? Mueren para parecer religiosos. Quieren ser vistos por los hombres, incluso en la muerte. Quieren la adulación de la multitud que admira tal aparente heroísmo por la fe.

Otros hombres mueren por superstición. Se clavan un cuchillo en las entrañas y son decapitados al caer porque creen que sus dioses exigen tales acciones en determinadas ocasiones. Nos compadecemos de esas personas más que admirarlas. Pero no podemos dudar de que aquello por lo que están dispuestos a dar su vida significa mucho para ellos —más que cualquier otra cosa, incluidos ellos mismos.

Así pues, debemos matizar nuestra concepción del martirio. Un verdadero martirio o un martirio admirable debe ser la muerte por la verdad. Si se muere por algo que no sea la verdad, la verdad necesaria, no es admirable sino lamentable, no es valiente sino temerario. Si, por otra parte, un hombre sostiene un principio verdadero, pero no hasta la muerte, no es un tonto sino un cobarde, y es un argumento contra el principio que éste produzca un cobarde. ¿Cómo puede ser verdad algo que, sin embargo, no convierte en verdaderos a sus partidarios? Si es la verdad de Dios, debe ser «para piedad». Así que debemos concluir una de dos cosas. O tal persona sostiene la verdad en la injusticia; es decir, finge sostenerla, nominalmente la sostiene, pero ella no lo sostiene a él. O bien no es la verdad de Dios. Porque si es la verdad de Dios, enseñará que la voluntad de Dios debe ser suprema; todo lo demás, incluida la vida, está subordinado a ella.

Por lo tanto, un hombre puede sostener la verdad y no ser un mártir, en cuyo caso no sostiene realmente la verdad. O puede no sostener la verdad, pero ser un mártir, en cuyo caso no es un mártir sino un tonto. Un mártir es una persona que sostiene la verdad y muere por ella. Si sostiene la verdad y no muere por ella, es un hipócrita; si muere por algo distinto a la verdad, es un necio. Un mártir es una persona que muere por la verdad, la verdad de Dios.

Concediendo la definición, ¿cuál es el historial del cristianismo con respecto a los mártires? ¿Qué cabría esperar? Además de los verdaderos creyentes, hay muchos entre sus adherentes que sólo nominalmente entienden y pertenecen a ella y muchos que pertenecen por algunas razones distintas a su creencia en la verdad de esta religión y muchos que son muy débiles, aunque sinceros. Por lo tanto, deberíamos esperar que los fuegos de la persecución revelaran que estas diferentes clases están presentes en la iglesia cristiana. Es decir, esperaríamos que algunos, precisamente porque eran adherentes por una razón distinta a su creencia sincera en la verdad del cristianismo, se retractaran tan pronto como ese motivo ulterior fuera eliminado. Si pertenecían a la iglesia por alguna ventaja secular que tal pertenencia pudiera haberles reportado, por supuesto abandonarían su fe tan pronto como esa ventaja se perdiera. Y ciertamente la amenaza de sus vidas sería una amenaza para todos sus intereses mundanos. No se podría esperar que el apego nominal al cristianismo sobreviviera a tal prueba. Cabría esperar que repudiaran su antigua profesión por la misma razón por la que la hicieron, a saber, su interés mundano. Y habría algunos que, aunque sinceros, fracasarían temporalmente por falta de suficiente comprensión y/o gracia, como Pedro en su negación. Por otro lado, hay muchos en la iglesia cristiana que creen en sus principios con mayor comprensión y devoción. Estos, esperaríamos, no negarían estos principios, aunque sus vidas estuvieran amenazadas, porque su fe incluiría un conocimiento y comunión con Dios que vale infinitamente más que la vida. Llegarían a la conclusión de que sus sufrimientos actuales no son dignos de ser comparados con la gloria que aún está por revelarse. Se esperaría que abrazaran la espada, que sonrieran a los animales salvajes, que cantaran en las llamas.

Ahora el registro histórico es una confirmación de lo que habríamos esperado. Ha habido cristianos, sin duda, que han renegado de la fe para salvar sus vidas; los ha habido que han sido fieles hasta la muerte. La presencia de retractores en las filas de los cristianos profesos no prueba nada acerca de la verdad de la religión cristiana, sino sólo la falsedad o debilidad de su propia profesión. Pero la gran pregunta de este capítulo es: ¿qué prueban los mártires sobre la verdad del cristianismo?

Negativamente, la ausencia total de mártires probablemente probaría la falsedad del cristianismo. Es decir, si el cristianismo no hubiera producido personas que fueran fieles en la prueba, o no sería la religión de Dios, o no habría habido verdaderos cristianos. Pero si no hubiera verdaderos cristianos en la iglesia cristiana, difícilmente podría haberlos en ninguna parte. Por lo tanto, sin mártires la religión cristiana sería falsa; porque si no hubiera mártires, difícilmente podría haber verdaderos discípulos, y si el cristianismo no ha producido verdaderos discípulos, no puede ser la religión de Dios.

¿Alguien se opone a este último punto, diciendo que es demasiado amplio? Pensemos en esto: Si la religión cristiana es verdadera, entonces esta verdad y el poder de Dios que está en esta verdad produciría algunos adeptos, como de hecho afirma que lo hará, en todas las generaciones. Si, por lo tanto, hay una persecución de la religión cristiana, es impensable que los adherentes genuinos no estén entre los amenazados. Y si fueran amenazados, algunos de ellos seguramente exhibirían bajo el fuego la veracidad de su fe. Pero si no hubiera mártires, ni personas que demostraran su fe cuando fue probada por el fuego, sencillamente no habría cristianos. Esta es la razón por la que decimos que, si no hubiera habido mártires, este hecho por sí solo habría refutado la verdad de la religión cristiana.

La pregunta ahora es, ¿prueba la presencia de mártires la verdad del cristianismo? No, porque como ya hemos dicho, a veces los hombres pueden morir por algo que no sea la verdad. Pero el martirio confirma sin duda la verdad de la fe. Y hay varias características de los mártires cristianos que aumentan el poder corroborativo de este argumento.

En primer lugar, hubo multitud de hombres y mujeres que murieron por la fe cristiana. El número de los que a través de los siglos han muerto por lealtad a Jesucristo sólo puede tabularse en miles de miles. Este fenómeno asombró completamente a Napoleón y le convenció de la absoluta superioridad del dominio que el Cristo ausente seguía teniendo sobre sus seguidores, comparado con el dominio que el magnético general francés en persona tenía sobre los suyos.

Además, la invisibilidad de Cristo acentúa el poder de su Espíritu. Cristo mismo había dicho a aquellos discípulos que habían estado con Él en los días de su carne que eran bienaventurados por creer en Él, pero que «Bienaventurados los que no han visto, y sin embargo han creído» (Jn 20:29). A veces un líder, por la fuerza de su personalidad, es capaz de imponer lealtad hasta la muerte. Pero aquí hay una persona que, aunque ausente de la carne ahora por dos mil años, tiene tantos hombres muriendo por Él hoy como murieron en los días del Imperio Romano cuando su memoria estaba más fresca. Ahora no hay redoble de tambores, ni fanfarria, ni espectáculo, ni visión; pero Jesús todavía reina en los corazones de millones de personas. Por Él no estiman sus propias vidas.

En tercer lugar, considera los tipos de personas

que han sido mártires cristianos. Hemos conocido mártires por otras causas, pero han sido personalidades bastante raras. Hombres que simplemente no se dejarían dominar por ningún otro, que preservarían su libertad antes que su vida. Hay personas así, y morirán por lo que aprecian. Pero los mártires cristianos no son personas excepcionales, sino corrientes. Hubo grandes personas entre ellos, pero fueron las bases las que engrosaron las filas de los mártires hasta la inmensa multitud en que se han convertido. Nunca ha habido en la historia del mundo nada parecido a este fenómeno. Nunca ha muerto tanta gente corriente por algo como la que ha muerto por el honor de Jesucristo.

En cuarto lugar, considera los sufrimientos de los mártires. Si nunca ha habido otra multitud como la que ha muerto por la gloria de Cristo, tampoco ha habido en otra parte tales sufrimientos padecidos en el curso del martirio como los que han conocido los cristianos. Han sido despedazados por bestias salvajes; han sido cubiertos con aceite y brea y quemados vivos para encender arenas; han sido quemados a fuego lento ante vastas multitudes; les han arrancado la lengua; han sido colocados en torres solitarias durante años; han sido ahogados lentamente por mareas crecientes; han visto a sus hijos torturados y asesinados ante sus ojos; les han hecho agujeros en la cabeza y los han llenado de plomo caliente. No hay nada que el ingenio de los hombres o de los demonios pueda idear que no haya sido utilizado para probar el amor de estos hombres, mujeres y niños por el nombre de Jesucristo. Bajo todas y cada una de estas pruebas diabólicas, los mártires no sólo han permanecido leales, sino que han orado, cantado y regocijado por el privilegio de morir así.

Esto nos lleva a la quinta consideración —el espíritu con el que murieron. En primer lugar, murieron con una palabra de perdón en los labios. La tortura suele sacar a relucir el peor espíritu de quien la sufre. Se resiente de quienes le causan tal dolor, y aunque no pueda hacer nada por vengarse, al menos se desquitará con juramentos, amenazas y maldiciones. Los cristianos, sin embargo, no han seguido los caminos de este mundo al morir más que al vivir, sino que han seguido los pasos de su Señor, que «cuando sufría no amenazaba». Así como Él perdonó a quienes lo crucificaron, sus discípulos han orado por quienes los han perseguido. Desde el primer mártir, Esteban, a lo largo de los siglos, los cristianos han tenido la costumbre de morir bendiciendo a los que les han dado muerte y rezando por los que les han odiado. Se han considerado bienaventurados al permitírseles morir por el nombre y han deseado que sus perseguidores pudieran conocer el maravilloso amor de Dios. El espíritu cristiano nunca ha sido más amoroso que cuando sufre. Ha sido como ese nardo que, cuando se rompía el jarrón en el que se llevaba, llenaba toda la habitación con su fragancia.

Por otra parte, su fuerza ha sido evidente. Al fin y al cabo, es una terrible prueba enfrentarse innecesariamente a la muerte cuando puede evitarse con una simple abjuración. Y cuando esta muerte va acompañada de torturas, se hace aún más difícil de afrontar. Pero los cristianos la han afrontado; multitudes de toda clase de cristianos la han afrontado. Esto ha requerido valor, un valor muy grande. Su pura hombría deja al mundo asombrado. Un mártir temía ser incapaz de enfrentarse a las llamas. Intentó prepararse para el tormento manteniendo el dedo en la llama de una vela, pero ni siquiera eso pudo soportar. Sin embargo, cuando llegó el momento de ser quemado vivo, fue sereno y valiente a la muerte. Otro mártir perdió temporalmente el valor y firmó una retractación. Más tarde no sólo corrigió su error, sino que, cuando fue quemado, puso primero en el fuego la mano que había firmado la retractación, manteniéndola allí hasta que se consumió.

De nuevo se han mostrado sorprendentemente alegres en estos momentos tan poco propicios, cuando lo último que cabría esperar sería alegría. Tal vez podrían ser valientes, y tal vez incluso podrían perdonar, pero ¿cómo podrían ser felices? Sin embargo, han sido felices y han muerto con alegría en el corazón y canciones en los labios. Y así ha sido a menudo. En Montpelier, en el sur de Francia, se puede ver un parque abierto donde multitud de hombres y mujeres fueron ejecutados por su fe en Cristo. La historia nos enseña que, cuando morían, cantaban salmos mientras el fuego los envolvía. Cantaban tan alegremente y con tanta vehemencia que las autoridades se vieron obligadas a contratar una banda para que tocara música que ahogara sus alegres cantos de alabanza. Tal es el espíritu de los mártires de Jesucristo, para quienes «vivir es Cristo y morir es ganancia».

Archibald Alexander, el apologista de Princeton del siglo XIX, ha resumido bien el testimonio de los mártires, especialmente de los de la iglesia primitiva:

Personas de todas las edades, de todas las condiciones de vida, y de ambos sexos, exhibieron bajo tormentos prolongados y crueles, una fortaleza, una paciencia, una mansedumbre, un espíritu de caridad y perdón, una alegría, y a menudo un gozo triunfante, de los que no se encuentran ejemplos en la historia del mundo. Se regocijaban cuando eran arrestados; se despedían alegremente de sus parientes más cercanos y queridos; abrazaban con gusto la hoguera; daban la bienvenida a las bestias salvajes que se soltaban para devorarlos; sonreían ante el horrible aparatito con el que sus tendones iban a ser estirados, y sus huesos dislocados y rotos; no se quejaron, no dieron muestras de dolor cuando sus cuerpos fueron envueltos en llamas y, cuando fueron condenados a muerte, rogaron a sus amigos que no interpusieran ningún obstáculo a su felicidad (porque así estimaban el martirio), ni siquiera rezando por su liberación. ¿Qué más que fortaleza humana era ésta? ¿Qué espíritu sostenía a este pueblo despreciado y perseguido? ¿Qué principios naturales de la constitución humana pueden explicar satisfactoriamente tal superioridad al dolor y a la muerte? ¿Podía el apego a un impostor inspirarles tales sentimientos? No; era la presencia prometida de Jesús resucitado lo que los sostenía y los llenaba de seguridad y alegría.

Cuarta Parte

Algunas Objeciones al Cristianismo

21

Objeciones de la Evolución y de la Antropología

Algunos creen que la evolución prueba que el cristianismo es falso. Pero no se puede responder si lo hace o no sin una definición de evolución. Si la evolución tuviera un único significado, no sería difícil decidir si es compatible con el cristianismo. Pero como no es así, no hay una respuesta fácil al problema. Porque si se pregunta, «¿Es compatible la evolución con el cristianismo?», surge inmediatamente otra pregunta, «¿Qué evolución?».

Algunas personas entienden por evolución la doctrina de que un proceso explica la existencia de todas las cosas. «En el principio la Evolución dijo: 'Hágase la luz', y se hizo la luz». Esta «evolución causal» o proceso evolutivo como causa de todas las cosas es difícil de concebir y aún más difícil de relacionar con otras cosas como el cristianismo. Es decir, cuando una persona dice que la evolución da origen a todas las cosas, ¿interpreta esta evolución creadora como un ser estático o cambiante? Si se trata de un ser inmutable, comentamos, «¡Oh, estás llamando a Dios por el nombre de evolución!».

La evolución, en el sentido de proceso causal, no es una explicación, sino que necesita una explicación. O existe por sí misma o depende de algo. Evidentemente, si depende de otra cosa, no puede ser la explicación de la otra, sino la otra, de ella. Pero ¿puede existir por sí misma para ser la explicación de otras cosas? Si puede y lo hace, entonces debe ser auto existente, inteligente, personal y moral, como ya hemos demostrado. En ese caso, no sería la evolución, sino el Dios vivo y personal. Así pues, la evolución, en este sentido causal, no puede ser incompatible con el teísmo ni refutarlo, ya que se necesitaría el teísmo para explicar tal evolución.

Supongamos que utilizamos el término «evolución» no en un sentido causal sino modal. Es decir, supongamos que interpretamos la palabra como el medio por el cual las cosas han llegado a ser lo que son. A primera vista, está claro que esto no puede plantear ningún problema para el teísmo. Si la evolución es modal o meramente un medio, debe ser utilizada por algo o alguien distinto de ella misma. Nadie más que Dios mismo puede desempeñar ese papel. Así que, una vez más, no sería Dios quien necesita a la evolución, sino la evolución quien necesita a Dios.

Pero ¿entra en conflicto la evolución modal con el cristianismo? Puede que el propio teísmo no incluya ninguna teoría sobre los medios por los que Dios ha desarrollado el mundo, pero el cristianismo tiene algo que decir al respecto. ¿Contradice lo que dice con lo que revela la naturaleza? Averigüemos primero lo que enseña la Biblia sobre el origen y la conservación del mundo, y luego lo que enseña la evolución modal. Después estaremos en condiciones de concluir si están de acuerdo o en conflicto.

La Biblia enseña varias cosas sobre el origen y la conservación del mundo. Primero, el mundo fue creado por decreto divino, por la mera palabra de su poder, de la nada. «En el principio creó Dios los cielos y la tierra» (Gn 1:1). En segundo lugar, el tiempo durante el cual Dios creó este mundo no está definido en la Biblia. Se dice que fueron seis «días», pero la Biblia no siempre utiliza esa palabra para referirse a un período de veinticuatro horas. Tampoco la expresión «mañana y tarde» especifica necesariamente tales períodos, ya que éstos se mencionan antes de la creación del sol y la luna, así como después. En tercer lugar, el relato del Génesis presenta la creación en una escala creciente de complejidad. Es decir, las criaturas más avanzadas y complicadas son creadas más tarde que las más simples. Concretamente, los mamíferos superiores y el hombre no son creados hasta el sexto día. Cuarto, la reproducción de los diferentes grupos debe ser cada uno «según su género». Esta expresión no se define más, de modo que el lector no puede saber a qué se refiere exactamente, si a reino, familia, clase, género, orden, especie o variedad. En quinto lugar, el hombre ha sido creado especialmente; al menos, su alma. Dios le dio una cualidad que no se dio a los demás seres creados. Sopló sobre él y se convirtió en un «alma viviente». Dijo: «Hagamos al hombre a nuestra imagen».

Veamos si la evolución modal es compatible o no con este relato de la creación bíblica. Sobre el primer punto (que un Dios personal creó todas las cosas *ex nihilo*) no hay problema, porque la evolución modal no tiene nada que decir sobre los orígenes últimos. En cuanto al segundo punto, que sostiene que en la Biblia no se menciona ningún momento definido de la creación, no hay ningún conflicto necesario. Las teorías de la evolución modal suelen exigir un período de tiempo muy largo, pero no hay ninguna prueba necesaria de que la indefinición bíblica en este punto no sea capaz de dar cabida a las teorías científicas. En cuanto al tiempo asociado a la aparición del hombre en la creación, surge alguna posibilidad de conflicto, aunque no precisamente con la evolución modal tanto como con la antropología. Es decir, la evolución modal como tal no fecha la llegada del hombre, pero los investigadores antropológicos pueden fecharlo o no. Algunos sí lo hacen, y suelen datarlo muy pronto. ¿Es más temprano de lo que lo fecha la Biblia? Este tema, ya que pertenece a la antropología propiamente dicha y no a la evolución en general, lo trataremos más adelante.

En tercer lugar, la complejidad ascendente de la creación, tal como se presenta en el capítulo uno del Génesis, y la fecha de la evolución modal se corroboran de forma llamativa. Pero el cuarto punto, relativo a la reproducción de cada uno «según su especie», plantea una comparación crucial con la evolución modal. Ahora bien, existe un posible conflicto, dependiendo de nuestra concepción de la evolución modal. Es decir, si pensamos en la evolución modal como la concebía Charles Darwin, como el desarrollo de todas las cosas a partir de gémulas o células originales a través de un progreso continuo desde el interior (aparte de la creación ulterior) hasta el grado más alto de existencia compleja, tenemos una divergencia manifiesta con la visión bíblica de las cosas. Sin embargo, si la evolución se concibe como menos amplia y más restringida en su ámbito, no hay conflicto necesario. Si un evolucionista sostiene la teoría de los orígenes múltiples, como hacen muchos, y piensa que las variaciones tienen lugar dentro de estos amplios marcos que fueron «dados» o «están ahí» y posiblemente creados por Dios, entonces la flexibilidad e indefinición de «según su especie» no excluye la posibilidad de tal evolución. Puede haber alguna duda sobre si la visión de los «orígenes múltiples» puede ser probada, pero no hay duda de que la teoría darwiniana integral nunca ha empezado a ser probada. Cabe preguntarse si debe considerarse una hipótesis, pero desde luego no es una teoría, y mucho menos un hecho. Así que podemos concluir que ningún hecho probado de la ciencia está necesariamente en desacuerdo con la Biblia en este cuarto punto.

El quinto punto es extremadamente importante, por supuesto. El Génesis representa al hombre como especialmente creado en el sentido de que fue hecho a imagen divina por un soplo o fiat especial de Dios. ¿Acaso la evolución modal enseña otra cosa? Ningún evolucionista modal, como evolucionista o como biólogo, enseña o puede enseñar otra cosa.

Ello se debe a que esta cuestión queda fuera de su dominio. No entra en su ámbito como biólogo. Si lo comenta, lo hace como psicólogo o filósofo, pero no como biólogo o antropólogo. Ninguna observación biológica puede descubrir un alma. Ningún evolucionista puede encontrar pruebas a favor o en contra de su transmisión de una forma a otra. Si un hombre llega a la conclusión de que el alma no es lo que se define como tal, no algo diferente del organismo físico, sino más bien una función o un aspecto del cuerpo, debe llegar a esa conclusión como filósofo o psicólogo, pero no como biólogo. Y la solidez de su punto de vista debe defenderse o atacarse por los mismos motivos. Puesto que ya hemos escrito lo suficiente para demostrar, en nuestra opinión, que tal punto de vista del alma no es sólido, no necesitamos repetir aquí la evidencia. Concluimos, por lo tanto, que el biólogo o evolucionista como tal no puede diferir del Génesis en este punto.

Pero enfrentemos ahora más específicamente el problema antropológico. ¿Encontramos, en las investigaciones de los hombres de este campo, descubrimientos que entren en conflicto con la visión bíblica del hombre? Algunos científicos y teólogos piensan que sí. Se sostiene que la antigüedad del hombre en geología y antropología es mucho mayor de lo que permite la Biblia. ¿Es esto cierto? Veamos cuáles son los hallazgos de la ciencia y, a continuación, cuál es la enseñanza de las Escrituras.

Hay varias observaciones que hacer acerca de los hallazgos de la ciencia sobre este tema. En primer lugar, parece difícil afirmar que haya «descubrimientos» en el sentido concluyente de la palabra. Es decir, no parece que existan pruebas seguras y asentadas sobre la antigüedad del hombre prehistórico. Se han encontrado muchos restos de criaturas parecidas al hombre. Pero en casi todos los casos hay una gran diversidad de opiniones entre los expertos. Un antropólogo opina que tal o cual grupo de huesos demuestra la presencia de un verdadero hombre; otro tiene dudas sobre la misma colección de huesos. No queremos decir con Chesterton que los científicos con sus huesos son tan malos como los perros con los suyos, pero parece que falta algo parecido a un consenso sobre estos fósiles. Incluso se han demostrado bulos. Un escritor observa que la serie de esbozos pictóricos de hombres ascendiendo desde formas inferiores que solían mostrarse de forma tan llamativa, y aparentemente tan demostrativa, en los libros de ciencias elementales, aparecen cada vez menos llamativamente y parecen considerarse cada vez menos demostrativos a medida que pasan los años. Se ha producido una notable involución de las series evolutivas desde los tiempos del ciertamente fraudulento Ernst Haeckel, que se justificaba alegando que todos los demás hacían lo mismo.

No queremos ser, ni parecer, oscurantistas. No cuestionamos la ciencia geológica ni la antropológica. Sentimos una gran admiración por los especialistas que, a partir de unos pocos restos, son capaces de hacer notables reconstrucciones de esqueletos enteros con una precisión asombrosa en muchos casos. Desde luego, no deseamos desacreditar a ninguna ciencia porque algunos de sus investigadores hayan cometido errores precipitados. Tampoco queremos negar que un hombre pueda ser un científico competente, aunque haya cometido errores garrafales en algún momento. Por otra parte, admitimos libremente los errores de los teólogos y su capacidad para equivocarse. Todo lo que intentamos decir aquí es lo que cientos de científicos han dicho, que la ciencia no es una vaca sagrada, que no es infalible, y específicamente que las limitaciones de todas las ramas del saber se aplican también a esta área antropológica, de modo que difícilmente puede decirse que la fecha de los comienzos del hombre prehistórico esté establecida como un hecho demostrado e indiscutible. Nos parece que lo más que puede decirse es que tenemos algunos restos del hombre prehistórico, pero que ninguno de estos restos es susceptible todavía de una datación precisa, aunque algunas cosas puedan estimarse con bastante exactitud mediante diversos métodos modernos. A algunos especialistas les parece probable que los restos humanos genuinos se remonten a treinta o cien mil años, pero esto sólo les parece muy probable incluso a estos hombres.

Consideremos ahora las enseñanzas de la Biblia sobre la antigüedad del hombre. En primer lugar, la fecha más antigua y bastante segura es la de Abraham, alrededor de 1800 a.C. En segundo lugar, para las fechas de los acontecimientos anteriores a Abraham y Génesis 11, no tenemos ninguna pista de la Biblia, excepto las genealogías. En tercer lugar, sabemos que las genealogías bíblicas no pretenden ser exhaustivas de cada persona en cada línea. Esto puede demostrarse comparando algunas de las genealogías del Génesis con otras paralelas del Nuevo Testamento relativas a la ascendencia de Cristo. Además, no tenemos ni idea de cuántos individuos, o familias en realidad, pueden haberse suprimido de las genealogías del Génesis. (Por otra parte, hay que decir con toda justicia que no sabemos por la Biblia que estas genealogías no estén casi completas). En cuarto lugar, como ya se ha indicado, no puede demostrarse sin lugar a dudas que los días del Génesis tengan una duración de veinticuatro horas. Sabemos de algunos que creen que lo son y que presentan una serie de consideraciones muy convincentes. Pero no conocemos a nadie que piense que su argumentación es lo suficientemente concluyente como para atreverse a convertirse en dogmático al respecto. El consenso general parece favorecer la idea de que los días pudieron ser y fueron eras. Incluimos este punto porque en un sentido muy general parece relevante, pero en realidad apenas lo es. Sólo afecta a la cuestión de cuánto tardó Dios en dar a luz al hombre, no a la cuestión de su antigüedad o de cuánto tiempo lleva en la Tierra. Es decir, los días del Génesis pueden ser tan largos como se quiera, pero aun así el Adán creado fue una figura histórica cuya historia se funde con las genealogías del Génesis.

Podemos llegar, por tanto, a esta conclusión respecto a la enseñanza de la Biblia sobre la antigüedad del hombre. Debido a la incertidumbre sobre las genealogías, no podemos fijar ciertos límites para la antigüedad del hombre, aunque probablemente haya que decir que la Biblia no quiere representar la antigüedad del hombre como muy grande.

Juntando las dos imágenes, la de la ciencia y la de la Biblia, ¿qué vemos? No vemos ningún conflicto necesario por la sencilla razón de que ni la ciencia ni el Génesis presentan fechas fijas. Cada conjunto de fechas aproximadas es muy vago e incierto. Lo único que se puede decir es que los antropólogos tienden a fechar al hombre genuino antes de lo que la Biblia tiende a fechar a Adán y sus descendientes. Pero hasta que no se disponga de pruebas más definitivas de uno u otro lado, parece prudente dejar reposar la cuestión.

22

Objeciones del Determinismo

Una objeción fundamental al cristianismo, y de hecho a toda religión, proviene del determinismo. A menudo se expresa la convicción de que pensamos lo que pensamos porque se nos enseña lo que se nos enseña. Si nos enseñaran de otro modo, pensaríamos y creeríamos de otro modo. Por ejemplo, algunas personas son cristianas porque sus padres les enseñaron a ser cristianos y otras son musulmanas porque sus padres les enseñaron a ser musulmanes. Algunos no son religiosos en absoluto porque sus padres les enseñaron a no ser religiosos, o más exactamente les enseñaron a no ser religiosos. La «verdad» de la religión, por tanto, no es una cuestión significativa. La verdad es lo que a uno le han enseñado que es la verdad. Así de sencillo.

Ahora bien, esta crítica, aunque se haga con frecuencia y muchos parezcan pensar que tiene fundamento, no puede tomarse en serio, si es que ha de tomarse en serio. Es decir, si es así que somos lo que nos han enseñado, entonces debemos concluir que la persona que dice que somos lo que nos han enseñado lo dice porque así se lo han enseñado. Sencillamente, no podemos tomarnos en serio la crítica de que toda verdad es meramente lo que a una persona determinada le han enseñado a considerar verdadero sin aplicar esa fórmula a la propia afirmación, y eso la destruye inmediatamente. En consecuencia, si damos cualquier consideración a esta afirmación, asumimos que es algo más de lo que se le ha enseñado a quien la sostiene. Pero eso también destruye la afirmación. Y así, la crítica determinista es fundamentalmente autodestructiva.

En realidad, la evolución como problema no es más que una fase del problema general del determinismo. Explica el origen de las especies, incluido yo, y por tanto tiende a explicar quién soy y cómo y por qué actúo como lo hago. El determinismo sociológico sólo lleva el asunto un paso más allá. Estudia el patrón que influye inmediatamente en mi vida y, por ese medio, intenta explicar por qué hago lo que hago y pienso lo que pienso. La evolución, en otras palabras, proporciona mi trasfondo general, mientras que la sociología proporciona mi trasfondo más inmediato. En definitiva, cada una de ellas intenta explicarme.

Todas las disciplinas científicas son útiles, y cuanto más sepa sobre mí, mejor podré vivir. No tenemos nada en contra, sino sólo aprecio por estos diversos esfuerzos por saber más sobre el hombre. El único punto en el que protestamos es cuando alguien dice que mediante el conocimiento del trasfondo podemos explicar completamente por qué el hombre actúa como lo hace, puesto que sabemos que actúa como lo hace porque tiene precisamente el trasfondo que tiene. Como ya hemos demostrado, esto sencillamente no puede ser así, porque si lo fuera, su afirmación destruiría la verdad de la propia afirmación. Por ejemplo, L. A. Feuerbach ha escrito, «*Der Mensch ist was er isst*». («El hombre es lo que come»). El problema con esa afirmación es que el hombre que la escribió debe ser lo que come, así como el hombre que la lee. Si leo la afirmación y después concluyo que soy lo que como, estoy siendo bastante tonto. Soy tonto porque he tomado en serio al autor, pero he olvidado que al tomarlo en serio lo destruyo. Porque si lo tomo en serio, es decir, si creo su tesis de que «el hombre es lo que come», entonces admito que el autor de esa tesis es lo que come. Pero si ese es el caso, entonces algunas de sus ideas pueden haber sido producto de las espinacas que cenó, y las cosas que escribió en el capítulo doce pueden haber sido producidas por pastel a la mode. Y la conclusión de todos sus volúmenes puede haber salido directamente de una lata de alubias; o, lo que es más probable, directamente de un rollo de mortadela. Deberíamos preguntarnos cómo habrían sido los libros si el autor se hubiera comido las espinacas el jueves en lugar del viernes y cuán diferente habría sido la conclusión si hubiera seguido con una banana split en lugar de las judías. Además, es concebible que, si Feuerbach hubiera comido un poco de arenque ahumado, habría llegado a la conclusión de que el hombre no es lo que come. Hay una cosa que no nos atrevemos a hacer con un autor así, y es tomarlo en serio. Si el hombre es lo que come, entonces no es lo que come. Si no es lo que come, entonces existe la posibilidad de que la comida, sea cual sea la influencia que pueda tener sobre él, no determine del todo lo que es.

Otro ámbito en el que el determinismo levanta la cabeza es el de la interpretación. A menudo se dice: «Ésa es tu interpretación», y con un sentido de finalidad que pretende demostrar que la interpretación no es válida para el que protesta. «Esa es tu interpretación» pretende aparentemente llevar implícita la idea de que nuestras interpretaciones difieren necesariamente, tanto como decir, «Tú tienes tu interpretación y yo tengo la mía». Ahora bien, es cierto que tú puedes tener tu interpretación y yo la mía, pero de ello no se sigue que tu interpretación sea válida para ti y no para mí, ni que la mía no sea válida para ti sino sólo para mí. La mera afirmación «ésa es tu interpretación» no dice nada en absoluto, salvo que ésa es tu interpretación. Puede que, en lo que respecta a esas palabras, sea la interpretación correcta. Y si es la interpretación correcta, también debería ser la mía. Y si mi interpretación es la correcta, también debería ser la tuya. No hay razón para pensar en las interpretaciones como pensamos en los sombreros. «Ése es mi sombrero» implica que no es el tuyo porque es el mío. No compartimos sombreros. Pero las interpretaciones no son sombreros. Deben compartirse. Si yo interpreto algo de una manera determinada, es porque creo que es la interpretación correcta. Entonces debería intentar persuadirte de que es correcta para que se convierta también en tu interpretación. En otras palabras, intento demostrar que un sombrero es mío para demostrar la propiedad privada. Pero yo intento demostrar que una interpretación es mía para demostrar la propiedad común. La interpretación es la moneda intelectual del reino mental.

Al fin y al cabo, interpretar es inevitable. Si una interpretación nos separa de todas las demás precisamente porque es la nuestra, entonces esta actividad inevitable sería la actividad más divisoria concebible. Pero ¿qué razón tenemos para afirmar que una interpretación nos diferencia de los demás? Ninguna, salvo la vieja suposición determinista.

Estamos asumiendo una vez más que tu pensamiento y tu interpretación deben ser necesariamente diferentes de los míos porque son tuyos y tú eres lo que has nacido, donde vives, lo que comes, etcétera. Pero hemos demostrado una y otra vez la inutilidad de esta postura. Si una interpretación es tuya por lo que comes, entonces no tiene validez para nadie, incluido tú mismo. En otras palabras, si sólo es tu interpretación, ni siquiera es tu interpretación. Por lo tanto, la fórmula es totalmente inválida y debe descartarse de un discurso serio, y una vez más nos vemos abocados a la saludable actividad mental de determinar cuál es la interpretación correcta. Si tu interpretación difiere de la mía, no debes decir, «Esa es tu interpretación», sino, «Tu interpretación es incorrecta en tal y tal punto», y luego proceder a mostrarme mi error. Si me convences, aceptaré tu interpretación y corregiré la mía en consecuencia. Si mi interpretación difiere de la tuya, no debería estar dispuesto a dejar el asunto ahí. Más bien debería mostrarte cómo he llegado a mi conclusión, indicarte por qué yo no he llegado a la tuya y por qué no deberías mantenerla. Si mi razonamiento es convincente, deberías reconocerlo y cambiar en consecuencia tus opiniones anteriores.

Suponemos que todo el mundo admite la verdad de lo dicho anteriormente. Pero tú puedes estar pensando que los hombres simplemente no actúan de esa manera. W. G. T. Shedd tiene un título de un sermón que es muy apropiado aquí: «La aprobación de lo bueno no es el amor a ello». Es decir, las personas a menudo aprueban lo que es correcto, pero, al no amarlo, no lo hacen. Esta es la influencia noética del pecado o el efecto del mal en la mente del hombre.

Es cierto que los hombres a menudo corrompen su pensamiento por sus prejuicios y tratan de justificar sus errores por algún motivo ulterior. Con frecuencia, ni siquiera están dispuestos a escuchar un punto de vista divergente porque se niegan a considerar sus implicaciones inaceptables. Pero estas cosas no deberían ser así. El error no es inocente y todo pensamiento ocioso será llevado al juicio. Debemos prestar atención a cómo pensamos. Tendremos nuestras interpretaciones, ciertamente, pero deben ser interpretaciones sanas. Precisamente por esta razón debe haber un libre intercambio intelectual entre los hombres, una discusión sincera de las diferentes posiciones y una franqueza total en la búsqueda de la verdad.

Es cierto que cada hombre es una persona privada y ve las cosas como las ve. Pero el ojo y la mente y todas las facultades están hechas según el mismo patrón en todas las personas. Hay, después de todo, una esfera común de entendimiento, y hay una posibilidad de comunicación. Esta comunicación no sería posible si cada persona estuviera aislada de las demás por su individualidad. El trasfondo particular que cada persona tiene puede ser tenido en cuenta cuando se comunica con otra persona. De lo contrario, no habría posibilidad de intercomunicación. En otras palabras, podemos ajustar nuestro pensamiento para captar el significado de la otra persona. Pero suponiendo que lo hagamos, admitimos la posibilidad de que entendamos a la otra persona.

A veces se da por sentado que cada persona distorsiona necesariamente la información a medida que pasa por su mente. En efecto, una persona puede distorsionarla, pero no es necesario. Además, puede ocultar o demostrar que la ha distorsionado. De hecho, la propia palabra «distorsionar» no tendría sentido si no se pudiera aprehender el conocimiento con exactitud.

Aunque los hombres puedan distorsionar el conocimiento, no tienen por qué hacerlo. Es un error pensar que el hombre es como el agua, que por su propia naturaleza distorsiona la luz que la atraviesa, dando una imagen engañosa. Para ser más exactos deberíamos decir que el hombre es como el agua cuando, debido a prejuicios de uno u otro tipo, distorsiona el conocimiento que le llega; pero puede, si quiere, no distorsionar.

No parece haber nada en la naturaleza del hombre como tal que le haga inevitable distorsionar el conocimiento, haciendo que sus interpretaciones sean necesariamente privadas y no públicas. La mente de un hombre, hecha según un patrón común, sería capaz de ver las cosas como las ve cualquier otra mente. Si comete un error, su mente, hecha según el mismo patrón que otras mentes, sería capaz de recibir corrección de esas otras mentes. Sus antecedentes podrían hacer que leyera cosas en algún conocimiento que no pertenecen propiamente a él. Pero otra mente podría entender lo que ha hecho y señalarlo, y él sería capaz de entender la corrección y hacerla.

Repetimos, a modo de conclusión que, si no es cierto que el hombre puede comprender objetivamente y corregir de acuerdo con la objetividad, entonces no hay posibilidad de conocimiento en absoluto. Como hemos dicho, cuando alguien dice, «Ésa es tu interpretación», está asumiendo necesariamente la objetividad. No es necesario que volvamos sobre este tema. Pero sí es necesario repetir que no hay ninguna razón para pensar que nuestros pensamientos están determinados con independencia de nosotros mismos, lo que hace imposible la objetividad. O si lo están, entonces debemos enfrentarnos al triste hecho de que no podemos predicar nada, no nos atrevemos a abrir la boca, ni siquiera podemos ser subjetivos, no podemos saber nada en absoluto —ni siquiera que no sabemos nada en absoluto.

Puede ser una crítica a este volumen que dedique tanto espacio al problema del determinismo. Mi explicación, si no justificación, es que después de muchos discursos en campus universitarios y especialmente después de muchas conferencias privadas con estudiantes universitarios, he quedado impresionado por la prevalencia de esta vena de pensamiento y el formidable obstáculo que plantea para todos los que parecen interesados en la fe. Por ejemplo, recuerdo perfectamente haber pasado una semana en el campus de cierta universidad cristiana y haber mantenido cientos de conversaciones con hombres y mujeres sobre el cristianismo. Estos universitarios tenían sus problemas, y eran problemas de todo tipo. Pero lo que más me impresionó fue la prevalencia del problema determinista. Superaba con creces a los problemas en todas las demás áreas. Había al menos el doble de estudiantes preocupados por las dificultades en esta área que en el campo de las ciencias físicas, por ejemplo. Les preocupaba mucho más un determinismo sociológico o psicológico que la evolución, la antropología, la crítica bíblica o incluso la moral personal. De hecho, este problema penetraba en todas estas otras áreas, ya que cuando surgían dificultades en las otras áreas, a menudo era este determinismo subyacente el que parecía atormentar al estudiante.

Pero una última cuestión antes de dejar el problema del determinismo. Algunos aceptan todo lo que se ha dicho en este capítulo, pero vuelven con más. Dicen, «Muy bien, todo está determinado, incluida mi afirmación de que todo está determinado. Supongamos que lo admito. Admitiré también que tal vez tenga que pensar las cosas de manera diferente a como lo he hecho hasta ahora; pero si es verdad, es verdad —que las consecuencias sean las que sean. Aquí estoy».

¿Qué diremos a este fatalista que es fatalista sobre su fatalismo? Tememos no haberle aclarado aún el significado de nuestro argumento. Parece pensar que mientras admita que el fatalismo es cierto, podrá seguir viviendo como siempre. Piensa que se limitará a reconocer que él también está determinado y dejará el asunto como está. Pero lo que hemos intentado decir es que no puede dejar el asunto así. La suya es una posición de no descanso, de no equilibrio. No puede descansar en ella. Debe ir en una dirección o en otra, pero no puede quedarse ahí. Pero ¿qué queremos decir con esto?

Cuando decimos que un determinista no puede admitir su determinismo y dejarlo así, queremos decir que ni siquiera puede afirmar su determinismo. Afirmar el determinismo o el fatalismo es hacer lo que uno profesa ser un verdadero juicio de hecho. Pero como hemos intentado decir hasta la saciedad, si este determinismo es verdadero, entonces la afirmación de que el determinismo es verdadero no puede ser verdadera. No puede ser verdadera porque es una afirmación determinada que no tiene correspondencia con la realidad objetiva, sino sólo con la subjetiva. Por tanto, no puede ser cierta. Y si no es cierta, el determinista no puede decir que lo es. No puede decir, «Esto es verdad, y ahora, como sé que toda verdad es subjetiva y no se corresponde con la realidad, no diré nada más». No puede decir ni siquiera eso. Debería, por supuesto, callarse para siempre si el determinismo es cierto, pero no puede hacerse oír lo suficiente como para decir que es cierto.

De hecho, los deterministas son tan vociferantes antes y después de declarar su determinismo como los demás. Pero la cuestión es que no tienen derecho a la predicación. No tiene sentido. Y si predicaran de todos modos y luego dijeran que asumirían las consecuencias de su predicación, no sólo deberían callarse para siempre (cosa que no hacen), sino que no deberían haber hablado en primer lugar. Sólo pueden hablar sobre supuestos no deterministas. Necesitan ser no deterministas el tiempo suficiente para declarar su determinismo, del mismo modo que tendrían que confiar en Dios el tiempo suficiente para declarar que no hay Dios. Si esto no es evidentemente imposible, no sabemos lo que es. Y si no está claro para todos que una persona que sostiene tal posición debe guardar silencio, no sólo en su discurso, sino en su propio pensamiento, entonces no sabemos cómo puede quedar claro. Si el determinista insiste en hablar, me temo que tendremos que ignorarle cortésmente hasta que vuelva a los cánones de la racionalidad, ¿no es así?

23

Objeciones de la Crítica Bíblica

Con frecuencia se hacen críticas a la integridad e infalibilidad de la Biblia. Una obra reciente dice que la inspiración verbal es un «error casi blasfemo». Otro escritor es de la misma opinión: «Los idólatras de la letra de la Biblia deben convertirse en verdaderos adoradores del espíritu de la Biblia. Sólo así se salvará el prestigio del libro divino». Otro habla de «la increíble fatuidad del literalista, que insiste en la 'absoluta inerrancia' de la Escritura». Un escritor encuentra al literalista más que fatuo, diciendo que «la infalibilidad literal de la Escritura, sostenida hasta su última lógica, arriesgaría un viaje al manicomio». Cierto pastor piensa que la Biblia tal como está es la fuente de la ola de crímenes; debe ser censurada y expurgada. Muchos escritores eruditos y populares encuentran el Edén un mito delicioso, y uno de ellos advierte sobre convertir varias historias bíblicas en algo más que eso:

> No puedo entender que mi naturaleza moral sufra un daño más grave por no creer en Sansón que por no creer en Jack el Asesino de Gigantes. Me importa tan poco Goliat como el gigante Blunderbore. Me alegro de que los niños se entretengan con cuentos infantiles, pero es chocante que se les ordene creer en ellos como hechos sólidos, y luego se les diga que tal superstición es esencial para la moralidad.

Sin embargo, la Biblia se considera inspirada. Cristo reclamó claramente la inspiración para el Antiguo Testamento y la prometió para el Nuevo Testamento, como hemos indicado. Fue con respecto al Antiguo Testamento que Él dijo que ni una jota ni una tilde pasaría hasta que todo se cumpliera. «La Escritura», dijo, «no puede ser quebrantada». En la discusión exegética con los fariseos, Él hace que su punto descanse en una sola palabra. De hecho, el caso es tan concluyente que los eruditos radicales, como Julicher, que no aceptan ellos mismos la doctrina, admiten que los ortodoxos tienen razón al afirmar que Cristo la enseñó. J. B. Green ha observado que la Biblia afirma su propia inspiración unas tres mil veces.

La doctrina histórica de la iglesia, así como la enseñanza de la Biblia, es la inerrancia de las Escrituras. Eso está muy bien. Pero en los dos últimos siglos ha habido una gran revuelta. ¿Cuál será el resultado? Creemos que será la victoria de la doctrina histórica. Y, además, creemos que la justificación de la doctrina histórica de la inspiración está ahora en proceso. El primer paso en este proceso es el establecimiento cada vez más firme de la integridad y fiabilidad del texto de las Escrituras. Meek, de Toronto, escribiendo en *Religious Education* sobre la tendencia de la erudición del Antiguo Testamento durante los diez años precedentes, encontró que la característica sobresaliente era la creciente estima por el texto masorético o hebreo. Mientras que, a principios de siglo, como hemos mencionado en la introducción, lo primero que hacía un crítico era modificar el texto para adaptarlo a su teoría, ahora es lo último que se atreve a hacer. Orlinsky, en *Religious Education*, julio-agosto de 1952, muestra la misma alta estima por el texto masorético. En 1951, Thiele publicó una obra titulada *The Mysterious Numbers of the Hebrew Kings* (Los misteriosos números de los reyes hebreos), que los especialistas en el Antiguo Testamento consideran un libro significativo. Una de sus conclusiones incidentales se refiere a la exactitud del texto bíblico. Thiele nunca encontró a Josefo más fiable que la Biblia. Ciertamente, no puede decirse que el wellhausenismo esté muerto mientras algunos de los principales expertos en el Antiguo Testamento sigan comprometidos con él. No hay duda, sin embargo, de que esta teoría está en vías de desaparición, como indican numerosos eruditos. S. W. Baron, por ejemplo, en su *A Social and Religious History of the Jews* (Historia social y religiosa de los judíos) (dos volúmenes), aunque sigue sosteniendo la hipótesis documental, habla del wellhausenismo como si hubiera imperado hasta 1937. También es significativo que eruditos como Albright, Alt, Allis y muchos otros se hayan apartado de la hipótesis del desarrollo evolutivo de la religión del Antiguo Testamento. Cada vez hay más hombres impresionados por lo que James Orr, J. B. Green y otros decían hace medio siglo. A este respecto, es interesante la reseña de Albright sobre los *Five Books of Moses*, de Allis. La única crítica seria que el gran arqueólogo de Johns Hopkins hizo al antiguo profesor del Seminario de Westminster fue que no había citado obras más recientes para establecer su tesis de que Moisés escribió o pudo haber escrito el Pentateuco. A menudo nos hemos preguntado, desde que leímos esa crítica, qué diría Allis al respecto. No hay duda de que Allis ha leído a Orelli y a los otros que sugirió Albright. Suponemos más bien que la razón por la que no citó a más de ellos fue que el punto había quedado establecido hacía tanto tiempo que no había razón para dar el crédito a hombres posteriores, simplemente porque eran más liberales y, por tanto, más susceptibles de ser escuchados.

Básicamente, la misma evolución ha tenido lugar en el ámbito del Nuevo Testamento. Strauss había cuestionado la fiabilidad de los evangelistas y había intentado encontrar la mano de la iglesia del siglo II detrás de las narraciones evangélicas, especialmente en las partes que tenían una visión elevada de Cristo. Otros le siguieron y se convencieron especialmente de su teoría en el caso del Evangelio según San Juan. Era tan enfáticamente «teológico» que se dio por sentado que un testigo ocular como el apóstol Juan no podía haberlo escrito. Tuvo que ser escrito a finales del siglo II como muy pronto. Entonces se descubrió el manuscrito Rylands, el fragmento más antiguo de cualquier parte del Nuevo Testamento jamás encontrado. Fue fechado, como muy tarde, a mediados del siglo II, y como muy temprano, en el primer cuarto del siglo II. Y qué iba a ser sino una porción del Evangelio de Juan. En 1952 se publicó una nueva edición de *Origins of the New Testament* de Loisy. En ella, el erudito radical francés había asumido sin ambages, junto con todos los demás eruditos radicales y liberales de su época, la fecha tardía de Juan. El crítico de *Interpretation*, por lo tanto, tiene esta observación que hacer: «Tal vez habría sido un acierto no publicar la traducción de *Origins of the New Testament*, de A. F. Loisy. Posiciones, como la fecha del cuarto Evangelio, que eran posibilidades especulativas en el momento de su redacción, han sido contradichas desde entonces por pruebas directas». Nos resistimos a la expresión «posibilidades especulativas», pues en realidad se trataba de prejuicios especulativos, basados en la reticencia a admitir que la elevada visión de Jesús que tiene Juan pudiera ser fiel a los hechos. Mientras tanto, otros eruditos examinaban otros Evangelios y descubrían que la visión elevada de Cristo era omnipresente. Wrede, después de trabajar sobre el segundo Evangelio, exclamó, «Marcos es tan malo como Juan». Quería decir que Marcos era tan bueno como Juan, pues tenía una cristología tan elevada. Alguien ha dicho que, desde la *Quest for the Historical Jesus* de Schweitzer, ningún erudito de primera fila se ha atrevido a escribir una vida de Jesús considerándolo un mero reformador sin altos matices teológicos.

Por eso ha crecido la desconfianza hacia la llamada escuela *Form-geschicte* (historia de las formas). Sus intentos de remontar al escritor a una mano invisible se consideran cada vez más inútiles. Un crítico alemán ha comentado que estos hombres actúan como si pudieran ver crecer la hierba. Se necesitaría ese tipo de perspicacia para penetrar como estos hombres dicen ser capaces de hacerlo. Siempre encuentran tendencias aquí y allá. De ahí el término Tendenzkritik. El problema es que, como Moore observó en su *History of Christian Thought*, «la Tendenzkritik tenía sus propias tendencias». El eminente conservador del Nuevo Testamento Ned Stonehouse ha observado con sobriedad, «No se ha descubierto ningún criterio realmente objetivo, sin excluir el criterio avanzado por la crítica de las formas, por el que se puedan eliminar los añadidos supuestamente no históricos de la tradición y volver a un estrato histórico original de hechos sólidos».

La tercera justificación es la reivindicación de la exactitud bíblica en los pequeños detalles. Ese conejo que no parecía ajustarse a la descripción mosaica y que fue un obstáculo para la aceptación de Karl Barth de la inspiración verbal no es demasiado difícil de explicar, como demostraron los interrogadores de Barth. Se ha demostrado que la liebre mastica su comida por segunda vez, como dice la Biblia, aunque no tenga el característico estómago de cuatro cámaras del rumiante típico. También las codornices del Éxodo han llegado a los tribunales. Harry Rimmer fue cuestionado por un periódico norteamericano que sostenía que, de ser cierta la historia del Éxodo, habría habido suficientes codornices amontonadas por todo el país como para que cada uno de los seis millones de israelitas hubiera comido unas 69,629 por comida. Pero Rimmer señaló que la Biblia no dice que los israelitas comieran todo lo que cayó. Tampoco dice que las codornices estuvieran amontonadas a dos codos de altura, sino que estaban al alcance de la mano a esa altura. Además, parece que estamos ante un milagro. El tribunal concedió el caso a Rimmer. Noldeke y otros eruditos estaban perfectamente seguros no hace mucho de que Génesis 14 era imposible. El viaje de los reyes orientales a los que persiguió Abraham era imposible porque no se conocían sus nombres, la ruta era desconocida y el viaje era demasiado largo para la época. Cada uno de estos puntos ha sido refutado ahora. En un tiempo, casi todos los eruditos liberales estaban absolutamente seguros de que Moisés no podía haber sido el autor del Pentateuco porque la escritura no se conocía en esa época. A los liberales de hoy no les gusta que se lo recuerden. Los numerosos errores del autor de los Hechos se han demostrado, uno tras otro, como errores del crítico y no del autor. La mayoría de los llamados errores científicos de la Biblia se han atribuido a la mutabilidad de las hipótesis científicas o al carácter popular y poco técnico del lenguaje bíblico. En la primera categoría, A. T. Pierson señala que de las ochenta y dos teorías que el Instituto Francés consideraba hostiles a la Biblia en 1800, ahora no se sostiene ni una. En la segunda categoría, A. H. Strong observa que, si la Biblia utilizara fraseología técnica en lugar de popular, en lugar de decir, «Al atardecer, Isaac salió a meditar», se leería, «Cuando la rotación de la Tierra sobre su eje era tal que los rayos de la luminaria solar incidían horizontalmente en la retina, Isaac salió a meditar». Y así sucesivamente.

Frente a todos estos ataques aleatorios, y a menudo irresponsables, tenemos el sobrio testimonio de quienes han estudiado la Biblia largo y tendido. El decano Farrar dijo, «La más amplia gama de conocimientos y el ingenio más agudo de la crítica nunca han descubierto un solo error demostrable de hecho o doctrina en el Antiguo o Nuevo Testamento». El gran erudito Strong escribió, «Se puede decir con seguridad que la ciencia aún no ha demostrado que ningún pasaje de las Escrituras interpretado con justicia sea falso». El viejo yunque sigue desgastando los martillos.

Una cuarta justificación se ve en lo terrible de las alternativas a la inerrancia. Strauss, en cierto sentido, representó la cúspide de esta revuelta. Y, en otro sentido, mostró cómo terminaría. En 1835, en su *Leben Jesu*, nos mostraba cómo desconfiar de los evangelistas; y en 1874, en su *Der neue und der alte Glaube*, había aprendido a desconfiar del propio Evangelio mientras se hundía en el materialismo y la desesperación. De nuevo, si Cristo pudo equivocarse en un punto, ¿por qué no en otro? Si no podemos confiar en Él cuando habla de Jonás o de Sodoma o de la mujer de Lot, ¿por qué podemos confiar en Él cuando habla del reino de Dios, del rescate por el pecado o de su propia condición de Mesías? Paine fue bastante franco cuando dijo que no podemos creer a Jesús cuando dice que es el Hijo de Dios. Y Schenkel pone el hacha en la raíz de todo el árbol con estas penetrantes palabras: «Si se admite el error en un punto, es admisible en todos los puntos».

Una quinta justificación, corolario de la cuarta, es la lógica o coherencia de la posición infalibilista. Después de todo, si la Biblia es la Palabra de Dios, debe ser la Palabra de Dios. Nos vienen a la mente las palabras citadas a menudo, «Dejemos que Dios sea Dios». Pues bien, «Que la Palabra de Dios sea la Palabra de Dios». Si Dios tiene algo que decir sobre astronomía, geología, historia, aritmética, política, etcétera, debe ser infalible también en el ámbito de la religión. Aunque la Biblia no es un libro de texto sobre esto o aquello, si es la Palabra de Dios, debe ser fiable en todo lo que dice. El autor de este libro no es científico, filósofo ni economista. Pero si se atreve a hacer observaciones sobre alguno de estos tres, es porque cree que sus observaciones, por limitadas que sean, son estrictamente ciertas. No se siente en libertad de decir la verdad en la historia de la iglesia, pero de ser irresponsable en cualquier otro ámbito. Dios, por supuesto, lo sabe todo, y eso hace aún más seguro que Él sería exacto tanto en los asuntos seculares como en los sagrados. Una cosa es cierta. Si toda la Biblia no es la Palabra inerrante de Dios, nadie ha ideado ni podrá idear jamás una manera de decir dónde empieza la verdad y dónde termina la falsedad.

La justificación de la doctrina histórica de la inerrancia está en proceso. La justificación está en proceso, y esperamos que el siglo venidero establezca la confiabilidad de la Biblia como el concilio de Nicea estableció la deidad de Cristo. Desde Nicea, nunca ha habido ninguna duda de que la deidad de Cristo es la doctrina ortodoxa de la iglesia cristiana. Hombres aquí y allá la han negado, pero es evidente para todos que al hacerlo se están desviando del testimonio cristiano histórico. Por lo tanto, creemos que la doctrina bíblica e histórica de la inerrancia se establecerá tan firmemente después de que haya pasado la revuelta de los últimos dos siglos, que nadie volverá a cuestionar cuál es la posición histórica de la iglesia cristiana con respecto a las Sagradas Escrituras de Dios.

Los asombrosos Rollos del Mar Muerto ya son reconocidos como el mayor descubrimiento arqueológico de este siglo, aunque los especialistas en este campo aún no han comenzado a descifrar todos los hallazgos. Dudan bastante en comprometerse sobre el significado total de lo que se ha descubierto. Parte de lo que se ha dicho está siendo controvertido por los expertos. Lejos de nosotros pretender tener conocimientos importantes en este campo. Sin embargo, no parece prematuro afirmar, y parece que ya existe cierto consenso al respecto, que el resultado de todo el asunto hasta ahora es la consolidación del prestigio de la Biblia, históricamente hablando.

No sabemos lo que nos deparará el futuro, pero basándonos en lo que sabemos, podemos anticipar razonablemente que la Palabra de Dios seguirá brillando cada vez más hasta el día perfecto.

24

Objeciones de las Deficiencias de la Iglesia

Probablemente los mayores argumentos a favor y en contra del cristianismo son los cristianos. Los cristianos nobles, especialmente los mártires, son silogismos vivientes:

Mi vida tiene divinidad al respecto;
Esta divinidad no vino de mí;
Por lo tanto, deriva de Cristo que vive en mí.

Por otro lado, los cristianos meramente nominales o hipócritas también son silogismos vivientes:

Mi vida es una cosa innoble;
Pero profeso que Cristo es mi guía;
Por lo tanto, en mi profesión, Cristo debe conducir a la indignidad y ser innoble.

Los principales defectos que el mundo encuentra en los que profesan ser cristianos son tres. Primero, encuentra defectos en algunos miembros tal como son en sí mismos, hipócritas. En segundo lugar, encuentra defectos en los cristianos en relación con los demás, denominacionales. En tercer lugar, encuentra defectos en los cristianos en relación con los que están fuera de la iglesia, «más santo que tú».

En primer lugar, el mundo critica a algunos cristianos, acusándoles de hipócritas. Dicen que no creerán en el cristianismo ni se unirán a la iglesia porque hay muchos hipócritas en ella. Además, dicen, no sólo hay muchas personas indignas en la iglesia, sino que hay muchas dignas fuera de ella. Si hay hipócritas en la iglesia, hay «paganos agradables» en el mundo.

Ahora bien, aquí hay mucho que la iglesia debe confesar. No puede negar que hay hipócritas en su comunión. Tampoco puede negar que a algunos de ellos debería haberlos mantenido fuera en primer lugar, si hubiera sido diligente en los asuntos de su Señor. Y hay muchos que ella podría haber removido, si hubiera estado suficientemente preocupada por el honor de Jesucristo, que ella profesa desear más que todo lo demás. Además, debe confesar que la presencia de hipócritas es un argumento convincente en su contra. Se puede esperar que el mundo juzgue el valor de la iglesia a partir de los productos de su evangelización, y si éstos son los productos, su causa no tiene buena pinta. Y la iglesia no puede negar el hecho de que hay muchos fuera de su comunión que parecen ser más cristianos que muchos dentro de ella. También debe admitir que, si el mundo está produciendo mejores personas que la iglesia, hay una evidencia prima-facie de que la iglesia ha perdido su sabor y de ahora en adelante no sirve para nada más que para ser «expulsada y pisoteada por los hombres».

A pesar de todo esto, hay muchas cosas que se pueden decir en respuesta a esta grave crítica. En primer lugar, es mucho más fácil llamar hipócrita a una persona que probar que lo es. La justicia humana en cualquier ámbito es un dispositivo muy inadecuado para tratar a los delincuentes. Hay muchas figuras del hampa en la nación que probablemente son culpables de muchas cosas que deberían exponerlos a las penas de la ley y, sin embargo, no se puede demostrar que sean culpables. Lo mismo puede ocurrir con las personas de las iglesias. También hay muchas personas que condenan al gobierno por no procesar a ciertos criminales, pero el gobierno los procesaría si pudiera conseguir testigos contra ellos. Ahora bien, los mismos críticos pueden ser testigos que, sin embargo, se niegan a testificar. Así, con respecto a la iglesia, algunos de los que la condenan por albergar hipócritas no testificarán contra ellos si son llevados a juicio, pero seguirán condenando a la iglesia por no llevarlos a juicio y excomulgarlos. Y en otros casos, hay personas que son «conocidas» por todos como delincuentes, pero que nadie puede probar que lo sean.

En segundo lugar, lo que a veces se llama dar cobijo a hipócritas no es más que echar un manto de caridad sobre un hijo. Es decir, el cristianismo es una religión de mansedumbre y amor, y trata siempre de poner la mejor construcción posible en las obras de cualquiera. Es lento para la ira, todo lo cree, todo lo espera, todo lo soporta. Considera a todos los miembros como sus hijos y se resiste a creer lo contrario. Llegará de muy mala gana a la conclusión de que cualquiera que profese a Cristo es un réprobo. La iglesia actúa hacia sus hijos descarriados como David lo hizo hacia Absalón, por quien lloró, aunque ese hijo amontonó toda la ignominia concebible sobre su afectuoso padre. Fue el espíritu de Joab el que condenó a David por sus largos sufrimientos, no el espíritu de un padre.

En tercer lugar, la afirmación de que abundan los hipócritas en la iglesia es probablemente exagerada. Sospechamos que se les da tanta importancia porque llaman la atención. Esto puede ser un cumplido para la iglesia. Suponemos que, si la iglesia estuviera realmente plagada de falsos impostores, el mundo simplemente la descartaría, en lugar de tomarse la molestia de lanzar semejante acusación contra ella. Esta situación puede ser análoga al conocido experimento psicológico en el que se muestra a una clase un gran trozo de papel blanco impreso con un único punto negro. Cuando se pregunta a la clase qué es lo que ve, la respuesta es el punto negro. Así que puede ser que el mundo vea el punto negro en la iglesia en lugar de la masa blanca mucho más grande, pero, precisamente por eso, menos llamativa.

En cuarto lugar, la propia hipocresía es, en cierto sentido, un argumento a favor de la verdad. Alguien ha dicho que «la hipocresía es el tributo que el vicio paga a la virtud». Es decir, el mero hecho de que algunas personas se tomen la molestia y corran el riesgo de ser hipócritas sugiere que lo que simulan merece la pena. Es tan bueno que una persona fingirá tenerlo si en realidad carece de él. La gente no hace carrera fingiendo el vicio. No hay nada tan loable en el vicio como para que los hombres simplemente pretendan ser viciosos. De hecho, fingirán no serlo cuando en realidad lo son. Así, la hipocresía revela lo deseable del bien y lo indeseable del mal. En este caso, constituye un argumento oblicuo a favor del cristianismo.

En quinto lugar, se puede decir algo con respecto a los «paganos agradables» fuera de la iglesia. Por un lado, la «simpatía» puede no tener ningún valor particular. Puede referirse, y generalmente lo hace, a nada más que encanto personal, ingenio y otras cualidades que, aunque pueden ser interesantes, no son necesariamente útiles. Cuando llegan las verdaderas necesidades de la vida, las ocurrencias y cosas por el estilo son de poca o ninguna utilidad, si no son realmente descaradas. Además, los paganos suelen ser tan agradables en gran medida porque no tienen nada que ponga a prueba su paciencia o su virtud. El mundo puede ser su ostra. Puede que hayan nacido con una cuchara de plata en la boca y que tengan tantos dones de este mundo que su encanto no refleje gran mérito en ellos. Puede que tengan una buena disposición natural, que sean normalmente sanos y animosos, y que tengan buenas mentes inteligentes que les faciliten ser el alma de la fiesta. No queremos restar mérito a estos dones. Simplemente observamos que el hecho de tenerlos puede no reflejar ningún mérito en el carácter de la persona, sino simplemente su buena suerte. En otras palabras, no es necesariamente una reflexión favorable sobre el efecto de su filosofía o ética que sea tal o cual, sino simplemente una indicación de la bondad de la providencia hacia él.

Por otra parte, una persona mucho menos encantadora puede ser una persona mucho más virtuosa que haga honor a la religión cristiana. C. S. Lewis habla de una mítica Annie Bates que era naturalmente de temperamento ácido, pero a quien el cristianismo había ayudado mucho. Dick Firkin era naturalmente agradable sin ningún mérito especial. Así que al final, cuando se haga el recuento, la iglesia habrá logrado más en lo que ha hecho por Annie

Bates, que el mundo en lo que ha hecho por Dick Firkin. Un producto debe ser juzgado por el material del que fue hecho. La tendencia del cristianismo es producir un carácter semejante al de Cristo, aunque ese carácter no surja de una personalidad poco amable para ser tan conspicuamente agradable como el de otra persona que siempre ha sido naturalmente atractiva. Sin embargo, el cristianismo tiene más mérito que su competidor en este caso. Un hombre puede ser mejor atleta por naturaleza que otro después de haber sido entrenado hábilmente. Pero nadie negará que merece más crédito el entrenador que convierte a un mal atleta en uno bueno, que el entrenador que convierte a un buen atleta en uno ligeramente mejor.

Otra cosa que debemos tener en cuenta cuando pensamos en agradar a los paganos es que las cosas que los hacen agradables pueden ser pasivas. Muchos hombres sucumben fácilmente a la adulación, y muchas personas han tenido éxito popular porque no han tenido escrúpulos que les impidieran entregarse promiscuamente a la adulación efusiva. No es un verdadero amigo, aunque sea popular. Por otra parte, la severidad puede no ser popular entre muchas personas, pero puede acercarlas a la verdad. El hombre severo puede ser el mejor amigo. El mundo también encuentra defectos en las relaciones internas de la iglesia, es decir, en su confesionalismo. Se argumenta que los cristianos no se aman, sino que rivalizan y se dividen entre sí, a veces por verdadero odio. Además, ¿cómo pueden estas iglesias tener la verdad de Dios y ser tan diversas en su comprensión de la misma? ¿Acaso no hay varios cientos de denominaciones diferentes sólo en Estados Unidos?

También en este caso se trata de una crítica válida en parte. La existencia de diferentes denominaciones, especialmente tantas de ellas, argumenta una de dos cosas: o la Biblia en la que se basan ostensiblemente no es una sino muchas y, por lo tanto, no es la Palabra del único Dios, o hay algo fundamentalmente erróneo en las iglesias. No podemos considerar la primera alternativa si la Biblia es la Palabra de Dios. Por lo tanto, nos vemos obligados a reconocer que hay algún fallo grave en las propias iglesias.

Pero una vez reconocido esto, debemos evaluar el significado de esta desunión. ¿Qué prueba este hecho tan lamentable? En realidad, prueba lo mismo que la Biblia enseña en todas partes, a saber, que al pueblo cristiano todavía tiene mucha corrupción. Curiosamente, si la iglesia fuera perfecta y gozara del grado de armonía del que debería gozar, se demostraría que la Biblia está equivocada. Tal perfección y armonía serían en realidad un argumento en contra, no a favor, del cristianismo.

Pero la Biblia enseña que los mejores cristianos están muy lejos de la excelencia del carácter de Cristo. Así, Pablo consideraba que no lo había alcanzado. Juan dijo que, si decimos que no tenemos pecado, nos engañamos a nosotros mismos y la verdad no está en nosotros. Cristo enseñó a sus discípulos a orar regularmente, «Perdónanos nuestras deudas». Algunos son «débiles» y deben ser recibidos «sin disputas dudosas». A todos se les dice que crezcan en el conocimiento de Cristo, y si «en algo sois de otra manera de pensar, Dios os revelará aun esto».

Siendo así, es de esperar que haya diferencias entre los hijos de Dios. Al no estar perfectamente santificados, verán algunas cosas de manera diferente y, por lo tanto, actuarán de manera diferente. En otras palabras, la teología de la Biblia es la teología de las denominaciones. Una persona pensará que Dios le prohíbe usar el órgano en su culto público; otra no. Lamentablemente deben dividirse. Uno pensará que debe cantar sólo Salmos; otros no están de acuerdo. Desgraciadamente deben dividirse. Uno pensará que el gobierno de la iglesia debe ser episcopal; otro, presbiteriano; otro, congregacional. Desgraciadamente tienen que dividirse. Además, muchas de las divisiones son más bien naturales, a lo largo de líneas culturales e históricas naturales que no indican ninguna división real en el espíritu.

Pero ¿es esto tan desastroso para los de fuera como podría parecer a primera vista? Creemos que no. Será confuso, no lo dudamos, pero no desesperadamente confuso. Y hay algunas cosas que se harán más claramente evidentes. Por un lado, quedará claro que estos diferentes grupos no han renunciado a su integridad intelectual ni a su autonomía. La única manera de impedir las diferencias es impedir el pensamiento. Mientras exista libertad de pensamiento entre los hombres en su estado actual, no carecerán de diferencias. Las diferencias pueden ser confusas, sin duda, pero con la misma seguridad dan testimonio elocuente del vigor y la integridad del pensamiento. La uniformidad puede no ser tan confusa, pero puede dar testimonio de servilismo y extrema docilidad.

Otra ventaja que surge del estado dividido de las iglesias puede ser sorprendente, a saber, la revelación de su unidad. En efecto, la suya es una división que acentúa la unidad, pues apunta a algo más que a la división. Siguen siendo denominaciones cristianas o, mejor dicho, divisiones dentro del cristianismo. Los distintos grupos tienen algo en común, una lealtad común a la fe cristiana. A pesar de todas las variaciones entre las denominaciones, hay un área de acuerdo básico que les lleva a reclamar el nombre de cristianos y a ser reconocidos por los demás como cristianos. Todas mantienen una creencia «denominacional común». Por muy diferentes que sean, no difieren en el centro de las cosas. Todos reconocen a Jesucristo como Dios y Salvador y confían sólo en Él y buscan ser obedientes a Él. Difieren en su comprensión de lo que Él ordena, pero están de acuerdo en su intención de ser obedientes a su voluntad.

Combinando las dos ideas vemos la libertad bajo la ley. La libertad se manifiesta en la variedad de expresiones de la fe cristiana. La ley se ve en el deseo común de conocer y hacer la voluntad de Cristo. Este es un testimonio que las denominaciones, por el hecho de serlo, dan; y este es un testimonio que, en este mundo de pecado y error, sólo las denominaciones pueden dar. Y como es sumamente importante que den testimonio de esta gran verdad, es bueno que existan las denominaciones, mientras existan las diferencias.

No negaremos que a veces existe una rivalidad infeliz entre las denominaciones cristianas, que no conviene a quienes profesan considerarse unos a otros como hermanos redimidos por un Salvador común. Pero incluso en este punto se puede decir algo positivo. A veces los cristianos se oponen unos a otros por razones de conciencia. Sin poner en duda la sinceridad de otro, se puede cuestionar su sabiduría o comprensión. Un grupo, sintiendo que Cristo quiere que hagan las cosas así y así, puede pensar que otro grupo yerra gravemente en la materia y debe oponerse incluso hasta el punto de una competencia antiestética. Esto puede ser desafortunado, pero uno puede admirar el celo y la integridad detrás de la acción, y sentirse menos indignado cuando ve las cosas como otros las ven. Además, debe recordarse que este tipo de rivalidad poco cristiana entre grupos cristianos no es realmente tan común como a veces se representa. La mayoría de las iglesias comulgan libremente unas con otras, se unen en empresas comunes para el bienestar total de la comunidad, se asocian unas con otras en uniones de iglesias, hacen testimonios comunes al mundo, y se comprometen en caridades comunes para el mundo. En resumen, hay mucha más cooperación entre las iglesias que rivalidad insana.

La tercera y última acusación contra los cristianos que consideraremos es que a menudo son «más santos que tú». Se sienten y actúan como si fueran superiores a los demás. Se cubren las espaldas y se mantienen a distancia de los demás por miedo a la contaminación. Disfrutan haciendo desgraciados a los demás y son naturalmente propensos a echar un jarro de agua fría sobre cualquier cosa que tenga algo de placentero. «No debes» es su lema, y estar cerca de ellos es claramente deprimente.

A nadie se le escapa que todas estas críticas —que suelen darse en el mismo contexto— son poco coherentes. Es difícil ser distante y aguafiestas al mismo tiempo. Para ser un aguafiestas, una persona simplemente tiene que ser una especie de mezclador. Y en el momento en que es un aguafiestas, obviamente no es lo suficientemente distante. Sea como fuere, este tipo de crítica no es infrecuente, y como se piensa que los cristianos tienen este carácter, a veces los demás son reacios a relacionarse con ellos.

También en este caso debemos admitir que hay algo de verdad. Algunos cristianos son santurrones y exudan un olor de falsa piedad. Se sienten por encima y superiores a otras personas. Parecen pensar que son buenos y que merecen el honor de Dios y la envidia de los hombres. En tiempos de Jesús, los principales religiosos eran de esta clase, y Cristo tuvo que estar constantemente advirtiendo a sus discípulos de la «levadura de los fariseos». A estos santurrones les dijo que las rameras y los publicanos entrarían en el Reino antes que ellos.

En la reprimenda de Jesús está la primera parte de la respuesta a esta crítica. No sólo el mundo desaprueba a los censuradores y santurrones, sino que Cristo y la verdadera religión también los desaprueban. No deberían ser miembros de la iglesia, y es peor para ellos que lo sean. Ellos son los verdaderos hipócritas, y su condena será tanto mayor cuanto más finjan. En otras palabras, el mensaje de la iglesia, en lugar de alentar tal disposición, se opone totalmente a ella. Los hipócritas entran en la iglesia y permanecen en ella con falsos pretextos.

La segunda respuesta es una continuación de la primera. El cristianismo, lejos de producir este tipo de personas, tiende a superar el espíritu de hipocresía en sus seguidores. Toda persona tiene algo de arrogancia y vanidad, y el mensaje del cristianismo, al predicar la humildad en las palabras, y supremamente en el ejemplo, de Jesús, tiende a expulsar este espíritu maligno. Si un hombre es orgulloso a pesar de su cristianismo, y si es humilde es gracias a él.

En tercer lugar, la gente a menudo hace la acusación de «más santo que tú» falsamente. A veces llaman así a cualquiera que se niega a hacer lo que cree que está mal. Esto es muy injusto. Si alguien considera que una determinada práctica es mala, está moralmente obligado a abstenerse de ella, aunque el resto del mundo la practique. No por ello puede considerarse más santo que el resto del mundo. Puede creer que lo que él considera incorrecto puede practicarlo otra persona en conciencia e incluso ser más moral en el acto incorrecto que él mismo en el correcto. Sabe que se necesita mucho más que un acto para constituir una persona moral. Además, puede ser muy consciente de sus propios defectos en muchos otros aspectos. Y puede creer que su abstención de una práctica concreta que considera errónea se debe únicamente a la gracia de Dios. Puede considerar como un acto de gracia el hecho de reconocer la naturaleza del acto cuando otros no lo hacen. De modo que incluso en ese punto concreto puede ser humilde en lugar de orgulloso.

En cuarto lugar, incluso la crítica positiva de un acto, más allá de simplemente abstenerse de él, no es prueba de una disposición «más santa que la tuya». Una persona puede reconocer el carácter moral o inmoral de una práctica concreta mejor que otra y decirlo sin pensar que por ello es más santa, sino simplemente más comprensiva. Bien puede saber que el diablo es capaz de criticar mucho mejor que él. Pero una facultad crítica bien desarrollada no prueba que el diablo ame la verdad y el bien, ni que sea más santo que los hombres. El cristiano puede verse obligado a hablar en contra de la práctica, no porque sea enemigo de la sociedad, sino amigo de ella. No quiere matar la alegría de sus amigos, sino alejarlos de una alegría aparente que, en realidad, en cierto sentido, los matará. Si odiara a la sociedad, dejaría que siguiera haciéndose daño a sí misma; pero como la ama, debe tratar de impedir que se haga daño a sí misma. Porque reconoce la sutileza del pecado y sus resultados maliciosos en su vida y en su experiencia, debe advertir a los demás contra él. Al hacerlo, puede ser todo lo contrario de «más santo que tú» en actitud.

En quinto lugar, debe mantenerse alejado de aquellos que insisten en hacer lo que él piensa que está mal. No porque odie a los hombres, sino porque los ama. No porque quiera separarse de ellos, sino porque quiere que, por su propio bien, se separen del pecado. Quiere estar con los hombres y no separado de ellos. Pero debe estar con ellos para hacerles bien y no mal. Y estar con ellos en su maldad es hacerles daño y no bien. Con gusto estará con ellos en las cosas inocentes. Desea ser su amigo. Y quiere que conozcan a su Señor para que se convierta en su Señor. En ese sentido, él, como su Señor antes que él, es «amigo de publicanos y pecadores», mientras que, como su Señor antes que él, no hace compañía a los que se dedican a malas prácticas.

Resumiendo, digamos que la iglesia admite la presencia de «santurrones» en su comunión. Pide a los que se sienten ofendidos por estas personas que recuerden que ella no las fomenta, que advierte contra su actitud y que toda su enseñanza tiende a superar este espíritu. Además, ella le pediría a un mundo crítico que mirara más de cerca a algunos de aquellos a quienes critican para ver si realmente en todos los casos son culpables de ser «más santos que tú». Sugiere que, si examinan la cuestión, verán que el comportamiento de algunos es mucho más encomiable que censurable, y que es, de hecho, la línea de conducta que más necesitan ver quienes sienten el aguijón de su reprobación, y por la que es más probable que se beneficien.

Quinta Parte

Conclusión

25
La Prueba Pragmática

Hemos recorrido un largo camino. Comenzó cuando nos dimos cuenta de que muchos se preocupan actualmente por la fe. Nos preguntamos por nosotros mismos. Consecuentemente, nos enfrentamos al principio con algunas dificultades que a menudo confrontan a las personas y las disuaden de una investigación más profunda del cristianismo. Consideradas y obviadas estas cuestiones, comenzamos nuestra investigación.

El primer paso en nuestra investigación fue investigar al investigador. Intentamos demostrar que nuestras mentes son guías fiables de la verdad, o de lo contrario no hay sentido que encontrar en ninguna parte por ningún medio. Equipados entonces con la confianza en un uso cuidadoso y crítico de nuestra razón, comenzamos a considerar los argumentos a favor de la existencia y naturaleza de un ser divino.

La reflexión sobre la naturaleza de los hombres y las cosas nos llevó a creer en la existencia de un ser eterno, inteligente, auto causado y moral al que llamamos Dios. Pero nos dimos cuenta de que aún faltaba mucho. Había muchas otras preguntas que necesitaban respuesta y para las que la naturaleza no tenía ninguna clave. Nos parecía evidente que sólo este ser divino, de cuya existencia nos habíamos enterado, podía revelarnos el conocimiento que tanto necesitábamos. Nos parecía probable que Él lo hiciera. En otras palabras, llegamos a la convicción de que existía la necesidad de una revelación especial y la probabilidad de encontrarla. Así llegamos a considerar la Biblia y sus pretensiones de inspiración. Encontramos pruebas internas y también externas (de la autoridad de Cristo) de que esta Biblia es realmente la necesaria y esperada Palabra de Dios. Los estudios arqueológicos, observamos, tienden a confirmar este punto de vista de la fiabilidad de las Escrituras.

Así que examinamos las principales enseñanzas de la Biblia para tener una comprensión sistemática de su mensaje. A medida que surgían dificultades, examinamos algunas de sus doctrinas en particular y las críticas que a veces se les hacen. Luego comparamos el mensaje del cristianismo con las enseñanzas de las demás religiones del mundo, comprobando por comparación la superioridad manifiesta de la religión de la Biblia.

El hecho de que la Biblia respondiera a las preguntas planteadas por la naturaleza y que sólo ella las respondiera hacía presumir que la Biblia era realmente la Palabra de Dios. Pero encontramos más pruebas de su autoridad cuando consideramos los milagros de la Biblia y especialmente los atribuidos a Jesucristo. Del mismo modo, el argumento del cumplimiento de las profecías premonitorias reforzaba aún más los argumentos a favor de la Biblia y el cristianismo.

La prueba definitiva de la divinidad de la religión cristiana era su influencia en el mundo durante los últimos veinte siglos. Consideramos esta influencia en los asuntos de la historia y las instituciones. Y más particularmente, examinamos la influencia de Cristo en individuos como los mártires.

Antes de concluir nuestro recorrido, nos desviamos para hacer frente a ciertas objeciones que pretenden disuadirnos de la fe. Consideramos los argumentos extraídos de ciertos tipos de teoría evolutiva. Consideramos la acusación de que todas las cosas están determinadas y que la verdad es sólo lo que a una persona se le ha enseñado a pensar que es. Hemos examinado algunas de las críticas que se han hecho a la fiabilidad de la Biblia. Y concluimos con una consideración de las críticas que se hacen contra los propios cristianos y que se presentan como argumentos contra la verdad del cristianismo. Hemos tratado de prestar una atención honesta y respetuosa a todos estos argumentos. Hemos tratado a los objetores como personas honestas y respetuosas. Hemos supuesto que sus objeciones proceden de dudas sinceras, y hemos intentado humildemente presentar pruebas que hablen con precisión y adecuadamente de los puntos que han planteado. Confiamos en haber expuesto algunas «razones para la fe».

Si se tratara de un texto de matemáticas en lugar de religión, la discusión de los principios iría seguida de la asignación de algunos problemas que pusieran a prueba y confirmaran estos principios. O en un curso de ciencias se harían algunos experimentos de laboratorio. No es probable que se hagan tales tareas en un curso sobre evidencias cristianas, aunque tal vez podrían hacerse.

Pero si tal trabajo de laboratorio se requiere en un curso dado o no, se requiere en la vida de cada persona que sabría en la experiencia la verdad de estas cosas. Todo esto se ha escrito para que creas. Pero si crees, debes practicar. Sin duda, la fe tiene un elemento intelectual. Aunque ese elemento es el que principalmente nos ha ocupado en un libro, hay otros aspectos que nos conciernen en la vida. La fe, además de su elemento intelectual, tiene también elementos emocionales y volitivos. Es decir, para que haya un verdadero acto de creencia debe haber comprensión, sentimiento y voluntad, sintetizados en la persona individual. Una vez comprendido el argumento y persuadidos por él, debemos sentirnos atraídos por él y decidirnos resueltamente a vivir de acuerdo con él. Si el argumento es realmente persuasivo y no sentimos alegría al someter nuestras vidas a la religión que argumenta, entonces estamos condenados por nuestro propio entendimiento. Somos oidores de la Palabra, pero no hacedores. Sabemos, pero no practicamos. El que tiene mucha luz y no hace la voluntad del amo, será azotado con muchos azotes, dice Cristo. Así que probar todas estas cosas en el crisol de la propia alma es esencial en religión tan verdaderamente como en cualquier ciencia.

De hecho, el trabajo de laboratorio es más esencial en la religión que en la ciencia. Se pueden comprender las verdades matemáticas y científicas sin trabajarlas. Elaborarlas no proporciona una nueva comprensión, sino que en realidad sólo fija los principios en el entendimiento y en la memoria. Pero la belleza (a diferencia de la verdad) de la religión sólo puede conocerse viniendo a Cristo, descansando en Él, obedeciéndole, teniendo fe en Él. El arte ofrece realmente una analogía más verdadera de la situación religiosa que la ciencia. La belleza estética puede describirse y concebirse, pero sigue habiendo una gran diferencia entre lo bello descrito y lo bello visto. Hay algo en la visión que no puede ser transmitido por la descripción, por muy exacta que sea.

Cristo ha dicho que, si alguien quiere hacer la voluntad de Dios, «conocerá la doctrina, si es de Dios, o si yo hablo por mi cuenta». Aquí se alude a una dimensión del conocimiento que no se limita a lo intelectual. Se refiere claramente a lo experiencial. Porque es evidente que cualquier persona con una mente razonable puede «saber» que Cristo habló de parte de Dios, independientemente de cualquier acción de su voluntad. Hay argumentos concluyentes para probar que Cristo es el Hijo de Dios, ya sea que uno esté de acuerdo en hacer la voluntad de Cristo o no. De hecho, creemos que el argumento de este libro puede ser tan bien entendido por los no cristianos como por los cristianos. Pero el no cristiano sólo puede entenderlo como un argumento y nada más que eso. Por otro lado, la persona que entienda el argumento y se someta a la voluntad de Cristo obtendrá un conocimiento que no puede obtener de otra manera. Así, un incrédulo muy inteligente bien podría dominar este libro para exponer el argumento mejor que muchos creyentes menos dotados. Pero el creyente, por pocos que sean sus dones, tendrá más de este conocimiento experiencial que el incrédulo más dotado. De hecho, no es una cuestión de más y menos, sino de algo y nada. El creyente menos dotado tendrá algo de este conocimiento, y el incrédulo más dotado no tendrá nada.

Esta es la parte de laboratorio del cristianismo, sea o no parte de un curso de religión cristiana. Puede ser el final de un curso de lectura, pero es sólo el comienzo de la experiencia cristiana. Una persona puede sacar un sobresaliente en un curso y reprobar en cristianismo. Este libro es un argumento a favor del cristianismo. El lector puede comprender el argumento sin aceptar el cristianismo al que apunta el argumento. Así él puede ganar su crédito para un curso y perder la vida eterna.

El libro te deja en este punto. Tú estás solo. De aquí en adelante tú estás solo con Cristo. El libro puede llevarte a considerarlo y darte algunas razones para tener fe en Él, pero no puede creer por ti. Puede razonar por ti, pero no puede ejercer la fe por ti. Puede llevarte a la fe, pero sólo tú puedes creer.

La oración del autor por sus lectores es que crean y que creyendo obedezcan y que obedeciendo «conozcan».

Bibliografía

ALEXANDER, ARCHIBALD. *Evidences of the Authenticity, Inspiration, and Canonical Authority of the Holy Scriptures*. Philadelphia: Presbyterian Board of Publication, 1836.

ANDREWS, ELIAS. *Modern Humanism and Christian Theism*. Con prólogo del Rev. James S. Thomson. Grand Rapids: Zondervan Publishing House, 1939-

AQUINAS, THOMAS. *On the Truth of the Catholic Faith. Summa Contra Gentiles*. Traducido, con introducción y notas de Anton C. Pegis. Garden City, N. Y.: Image Books, 1955.

BAILLIE, JOHN. *Invitation to Pilgrimage*. New York: Charles Scribner's Sons, 1942. BARNES, ALBERT. *The Evidences of Christianity in the Nineteenth Century. Being the First Course of Lectures on the Ely Foundation" of the Union Theological Seminary*. New York, London, Glasgow: Blackie and Son, 1871.

BEARDSLEY, FRANK GRENVILLE. *The Christ of the Ages*. New York: American Tract Society, 1941.

BEATTIE, FRANCIS ROBERT, *Apologetics; or, The Rational Vindication of Christianity, -with an Introduction by Benjamin B. Warfield*. Richmond: Presbyterian Committee of Publications, 1903.

BELL, BERNARD IDDINGS. *Beyond Agnosticism. A Book for Tired Mechanists*. New York: Harper & Brothers, 1929.

BERKELEY, GEORGE, Bp. of Cloyne. *Alciphron; or The Minute Philosopher*. In Seven Dialogues containing an Apology for the Christian Religion, Against Those Who are Called Freethinkers. La primera edición americana de la cuarta edición de

Londres. New York: from Sydney's Press for Increase Cooke and Co., 1803.

BERKOUWER, GERRIT CORNELIS. *Modern Uncertainty and Christian Faith*. Grand Rapids: W. B. Eerdmans Publishing Co., 1953. *Bridgewater Treatises on the Power, Wisdom, and Goodness of God as Manifested in the Creation*. London: William Pickering, 1834.

BRUCE, ALEXANDER BALMAIN. *Apologetics; or, Christianity Defensively Stated.* 12th ed. New York: Charles Scribner's Sons, 1912.

BUTTRICK, GEORGE ARTHUR. *The Christian Fact and Modern Doubt; A Preface 236 Bibliography to a Restatement of Christian Faith*. New York: Charles Scribner's Sons, 1934.

CAILLIET, EMILE. *The Beginning of Wisdom*. Westwood, N. J.: Fleming H. Revell Co., 1947.

CAIRNS, DAVID. *The Reasonableness of the Christian Faith*, London, New York, etc.: Hodder & Stoughton, 1909.

CAIRNS, JOHN. *Christ the Principal Evidence of Christianity*. Westwood, N. J.: Fleming H. Revell, 1893.

CANDLISH, ROBERT SMITH. *Reason and Revelation*. London: Thomas Nelson & Sons, 1859.

CARNELL, EDWARD JOHN. *An Introduction to Christian Apologetics, A Philosophic Defense of the Trinitarian-Theistic Faith*. Grand Rapids: W. B. Eerdmans Publishing Co., 1948.

—*Christian Commitment, An Apologetic*. New York: The Macmillan Company, 1957.

CARPENTER, WILLIAM Bom Bp. of Ripon. *The Witness to the Influence of Christ; being the William Delten Noble Lectures for 1004, by the Rt. Rev. William Boyd Carpenter, D.T.*, Bishop of Ripon. Boston and New York: Odin, Methelin and

Company, 1905.

CHALMERS, THOMAS. *The Evidence and the Authority of the Christian Revelation*. 6th ed. Andover: Mark Gilman, 1818. —*On the Miraculous and Internal Evidences of the Christian Revelation, and the Authority of Its Records*. 2 vols. New York: Carter & Brothers, 1854.

CHATEAUBRIAND, FRANCOIS AUGSTE RENE. *The Genius of Christianity; or, The Spirit and Beauty of the Christian Religion. A new not complete translation from the French, with a Preface, Biographical Notice of the Author, and Typical and Explanatory Notes, by Charles I. White*. 2nd rev. ed. Baltimore: John Murphy & Co.; London: Charles Dolman, 1856.

CLARK, GORDON HADDON. *A Christian View of Men and Things*. Grand Rapids: W. B. Eerdmans Publishing Co., 1952.

CUNNINGHAM, WILLIAM. *Theological Lectures on Subjects Connected with Natural Theology, Evidences of Christianity, the Canon and Inspiration of Scripture*. New York: Carter, 1878.

DEVRIES, JOHN. *Beyond the Atom; An Appraisal of Our Christian Faith in this Age of Atomic Science*. Grand Rapids: W. B. Eerdmans Publishing Co., 1948.

DORCHESTER, DANIEL. *Christianity Vindicated by Its Enemies*. New York: Hunt & Co., Inc.; Cincinnati: Granston & Curts, 1896.

EBRARD, JOHANN HEINRICH AUGUST. *Apologetics, or, A Scientific Vindication of Christianity translated by William Stuart . . . and . . . John Macpherson*, 3 vols. Edinburgh: T. & T. Clark, 1886-1887.

FARRAR, FREDERIC WILLIAM. *Witness of History to Christ. Five Sermons Preached Before the University of Cambridge; Being the Hulsean Lectures for the year 1870*. London, New York: Macmillan & Co., 1906.

FISHER, GEORGE MARK. *The Grounds of Theistic and Christian Belief.* London: Hodder and Stoughton, 1892.
—*Manual of Christian Evidences*. New York: Charles Scribner's Sons, 1888.

GARVIE, ALFRED ERNEST. *A Handbook of Christian Apologetics*. New York: Charles Scribner's Sons, 1913. Bibliography 257

GILSON, &ITENNE. *Christianity and Philosophy*, traducido por Ralph MacDonald, c.s.p. New York, London: Pub. for the Institute of Mediaeval Studies by Sheed & Ward, 1939.

GODET, FREDERIC. *Lectures in Defence of the Christian Faith*, traducido por W. H. Lyttelton. 4th ed. Edinburgh: T. & T. Clark, after 1885.

HARKNESS, GEORGIA ELMA. *The Modern Rival of Christian Faith; An Analysis of Secularism*. Nashville: Abingdon Press, 1952.

HENRY, CARL FERDINAND HOWARD. *Remaking the Modern Mind.* 2nd ed. Grand Rapids: W. B. Eerdmans Publishing Company, 1948.

—*Giving a Reason for Our Hope*. Boston: W. A. Wilde Co., 1949.

HICKS, LEWIS EZRA. *A Critique of Design-Arguments; A Historical Review and Re examination of the Methods of Reasoning in Natural Theology*. New York: Charles Scribner's Sons, 1883.

HODGSON, LEONARD. *The Place of Reason in Christian Apologetics; Four Lectures Delivered Before the General Theological Seminary, New York*. Oxford: B. Blackwell, 1925.

HOPKINS, MARK. *Evidences of Christianity*. Conferencias ante el Instituto Lowell, revisadas como libro de texto, con un capítulo complementario que considera algunos ataques a la escuela crítica, la evidencia corroborativa de manuscritos descubiertos recientemente, etc., y el testimonio de Jesús en su juicio. Edición de presentación. en la Fundación Bross, Lake Forest College. Boston: T. R. Marvin & Son, 1909.

HORDERN, WILLIAM EDWARD. *Christianity, Communism, and History*. Nashville: Abingdon Press, 1954.

JEFFERSON, CHARLES EDWARD. *Things Fundamental; A Course of Thirteen Discourses in Modern Apologetics*. New York: Thomas Y. Crowell & Company, 1903-

JOHNSON, WILLIAM HALLOCK. *The Christian Faith under Modern Searchlights*, Westwood, N. J.: Fleming H, Revell Company, 1916. (Las conferencias de L. P. Stone pronunciadas en el Seminario Teológico de Princeton).

KEITH, ALEXANDER. *Evidence of the Truth of the Christian Religion, Derived from the Literal Fulfillment of Prophecy; Particularly as Illustrated by the History of the Jews, and by the Discoveries of Recent Travellers*. Philadelphia: Presbyterian Board of Publication, 1844.

KELLOGG, SAMUEL HENRY. *A Handbook of Comparative Religion*. Philadelphia: The Westminster Press, 1899.

KEYSER, LEANDER SYLVESTER. *A System of Christian Evidence*. 4th rev. ed. Burlington, Iowa: Lutheran Literary Board, 1926.

LEWIS, CLYDE STAPLES. *The Case for Christianity*, publicado en Inglaterra bajo el título de «Broadcast TalksK. New York: The Macmillan Company, 1943.

LOCKE, JOHN. *The Reasonableness of Christianity, as Delivered in the Scriptures. To which are added, An Essay on the Understanding of St. Paul's Epistles; and a Discourse on Miracles*. Con un ensayo biográfico, apéndice y notas, de un laico. London: George Virtue, 1850.

MACARTNEY, CLARENCE EDWARD NOBLE. *Christian Faith and the Spirit of the Age*. New York: American Tract Society, 1940.

MACDONALD, RICHARDSON ALLEN. *Christian Apologetics*. New York: Harper & Brothers, 1927. 238 Bibliography MACGREGOR, JAMES. *Studies in the History of Christian Apologetics, New Testament and Post-Apostolic*. Edinburgh: T. & T. Clark, 1894.

McCOSH, JAMES. *Biblical Forms and Special Ends in Creation, by Rev. James McCosk... and George Dickie*. New York: Harper & Brothers, 1856.

MICKLEM, NATHANIEL. *Ultimate Questions*. Nashville: Abingdon Presss, 1955.

MULLINS, EDGAR YOUNG. *Why Is Christianity True? Christian Evidences*. Edición ligera. Philadelphia: American Baptist Publication Society, 1911.

ORR, JAMES. *The Faith of a Modern Christian*. New York: Hodder and Stoughton, 1910. —*The Christian View of God and the World as Centring in the Incarnation, Being the First Series of Kerr Lectures*. 3rd ed. New York: Charles Scribner's Sons, 1897.

PIERSON, ARTHUR TAPPAN. *The Gordian Knot; or, The Problem Which Baffles Infidelity*. New York and London: Funk & Wagnalls Company, 1902.

—*«Many Infallible Proofs»: The Evidences of Christianity*. Westwood, N. J.: Fleming H. Revell, 1886.

RAMM, BERNARD. *The Christian View of Science and Scripture*, 1st ed. Grand Rapids: W. B. Eerdmans Publishing Co., 1954.

—*Protestant Christian Evidences*. Chicago: Moody Press,

1953.

RICHARDSON, ALAN. *Christian Apologetics*. New York: Harper & Brothers, 1948.

ROGERS, CLEMENT FRANCIS. *The Case for Christianity, An Outline of Popular Apologetics*. New York: Harper & Brothers, 1928.

Acerca del Autor

John H. Gerstner (1914-1996) fue profesor de la historia de la iglesia en Pittsburgh Theological Seminary y en Knox Theological Seminary. Obtuvo la Maestría en Divinidades y la Maestría en Teología en Westminster Theological Seminary bajo el tutelaje del eminente John Murray. Obtuvo el doctorado en historia de la iglesia de la Harvard University. Conocido maestro y divulgador del conocimiento teológico, John H. Gerstner fue mentor a varios pastores de renombre incluyendo Arthur Lindsay, Walter Wynn Kenyon y R.C. Sproul. Durante las últimas décadas de su vida colaboró con Sproul creando videos y materiales didácticos sobre la teología reformada bajo los auspicios de Ligonier Ministries. Sus series de videos instructivos sobre la Confesión de Fe de Westminster, la apologética cristiana, y muchos más siguen siendo disponibles por medio de Ligonier.

Colección de Estudios Apologéticos

El Cristianismo y el liberalismo
J. Gresham Machen

¿Y Qué de los que no han oído?
Tres Perspectivas sobre el Destino de los No Evangelizados
John Sanders, Gabriel Fackre, Ronald H. Nash

El Pensamiento Apologético de Agustín
Agustín de Hipona, Bernard Ramm, Cornelius Van Til, Gordon H. Clark

Confianza Apropiada: La fe, la duda y la certeza en el discipulado cristiano
Lesslie Newbigin

El Brilla en todo lo Bello: La Cultura y la Gracia Común
Richard J. Mouw

La Razón entre los Límites de la Religión
Nicholas P. Wolterstorff

¿Qué es el evangelio?
Frank H. Walker

Razones por la Fe: Introducción a la Apologética Cristiana
John H. Gerstner

Aquiéralos en su librería cristiana más cercana o a través de Editorial Doulos en www.editorialdoulos.com

www.ingramcontent.com/pod-product-compliance
Lightning Source LLC
LaVergne TN
LVHW010053110826
845155LV00028B/322

* 9 7 8 1 9 5 3 9 1 1 2 4 7 *